有機・無農薬だから簡単！だからおいしい！！ 福田流

はじめての野菜づくり

限られたスペースでラクラク大収穫！

福田俊・監修

朝日新聞出版

TO GROW
VEGETABLES

「おいしくて安心して食べられる野菜を、手軽に自分の手で育ててみたい」。そんな願いをもっている人にお届けするのが本書です。安心して食べられる野菜、つまり、農薬を使わずに自然に寄り添いながら野菜をつくるにはハードルが高いと感じる人も多いでしょう。でも、「個人が目の届く範囲で行うには、むしろこの方法のほうが手間はかからない」と話すのは、園芸家の福田 俊さん。福田さんはサラリーマン時代から30年以上、東京・練馬区の貸し農園で限られた面積でも手間をかけずにたくさんの野菜を収穫してきました。自然の野山に育つ植物がだれの世話も受けずに毎年同じように茂っているように、微生物や動植物などの力を借りながら土を肥やすことで、自然の循環に近い畑をつくり、手間のかからない野菜づくりを行えます。狭い農園をフル活用するためのアイデアもたくさん詰まっています。

\ 限られたスペースでラクラク大収穫!! /
「ラクして大収穫」ができるワケ7

庭の片隅につくった菜園や貸し農園のような限られたスペースでも、
ラクに効率よく野菜づくりをできる方法が、本書にはたくさん詰まっています。

1 実は手間がかからない、有機・無農薬栽培

農薬や化学肥料を与えすぎることで生態系を乱し、地力を落としてしまいます。微生物が働き、益虫も活躍してくれるような土づくりが一度できてしまえば、あとは見守るだけ。本書では土づくりからサポートしていきます。

2 一緒に育てる「混植栽培」

個々の野菜の生育期間、生育スピード、枝やつるの広がり方などの特徴をつかむことで、限られたスペースでも、複数の野菜を一緒に育てることが可能です。本書では、各野菜のコーナーに、その野菜と混植できるおすすめの野菜を紹介しています。

3 次々に育てる「リレー栽培」

せっかくの菜園に遊ばせてしまう期間ができるのはもったいないもの。収穫が近づいたら、バトンタッチできる野菜を植えていくことで、時間のロスもなくします。本書では、各野菜のコーナーにその野菜のあとに育てるとよい野菜を紹介しています。

4 2と3を同時に行う「混植リレー栽培」

収穫量をアップさせる「混植栽培」と「リレー栽培」を同時に行うことで、空間も時間もムダなく活用できます。各野菜のコーナーで紹介している「混植リレー栽培術」をもとに、育てたい野菜を組み合わせてみるとよいでしょう。

5 超初心者でも簡単な「9515マルチ栽培」

超初心者でも失敗なく「混植リレー栽培」を行えるように、福田さんが考案したのが「9515マルチ栽培」。園芸店でも簡単に入手できる「9515」という種類の穴あきマルチシートを畝にかけ、穴に苗を植えたり、種をまいたりして、そのまま混植リレー栽培をしていきます。

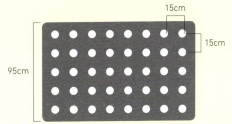

各野菜に応じた株間・条間をあけて
種まき、苗の植えつけをします。

6 よくある失敗には、最初から対策をとれる

各野菜を育てるうえでよくある失敗を防ぐコツを掲載しています。あらかじめ注意しておくことで、収穫量減を避けられます。

7 「ラクして大収穫できるアイデア」でさらに収穫量をアップする

各野菜のコーナーに掲載している「ラクして大収穫できるアイデア」は、福田さんが長年の経験のもとに編み出したもの。野菜づくりに慣れてきたら、苗づくりや種とりをすることで、コストパフォーマンスもよく、土地に合った野菜づくりを行えます。

有機・無農薬だから簡単！ だからおいしい！ 福田流・野菜づくりの基本
CONTENTS

- 002 　はじめに
- 003 　「ラクして大収穫」ができるワケ7
- 006 　本書の見方

PART1　野菜づくりの基本

野菜をつくり始める前に

- 008　野菜の分類
- 009　1年の野菜づくりの作業／連作障害について
- 010　野菜づくりに使う道具
- 011　野菜づくりに使う資材
- 012　どこで いつ 何を 植える？

野菜づくりの流れ

- 020　畑の準備をする
- 021　1 土をリフレッシュする
- 022　2 酸度を調整する
- 023　土と野菜の相性
- 024　3 堆肥を入れる
- 　　　4 肥料を入れる
- 025　堆肥と肥料のつくり方
- 025　生ゴミ液肥と生ゴミ堆肥のつくり方
- 026　落ち葉堆肥のつくり方
- 028　植物活性液（ヨモギ発酵液・天恵緑汁）のつくり方
- 029　ボカシ肥料のつくり方
- 030　肥料の基礎知識
- 032　畝を立てる
- 033　マルチをかける
- 034　マルチング
- 036　種のまき方・苗の植え方
- 037　1 種のまき方／点まき
- 　　　2 種のまき方／すじまき
- 038　種について知ろう
- 040　1 苗の植え方／苗の選び方
- 041　2 苗の植え方／苗の植え方
- 042　苗づくり
- 044　トンネルをかける
- 047　そのほかの被覆方法
- 048　間引き
- 049　支柱を立てる・誘引する
- 052　野菜の手入れ
- 053　元肥、追肥で施す肥料／授粉の仕方

病害虫 予防と対策

- 056　おもな害虫／おもな病気
- 057　病害虫対策
- 058　自然農薬を使う
- 059　コンパニオンプランツを利用する
- 060　おもな病害虫とその対策

PART2　野菜を育てる

果菜類

- 062　トマト
- 072　ナス
- 078　キュウリ
- 084　ピーマン・シシトウ・パプリカ
- 092　オクラ
- 096　カボチャ
- 100　トウモロコシ
- 104　ズッキーニ
- 107　ニガウリ
- 110　ゴマ

葉菜類

- 114　キャベツ
- 118　ハクサイ
- 122　ホウレンソウ
- 126　コマツナ
- 130　シュンギク
- 132　チンゲンサイ
- 134　ミズナ
- 136　タアサイ
- 138　レタス
- 142　セロリ
- 144　タマネギ
- 149　ナガネギ
- 154　ニンニク
- 156　ブロッコリー・カリフラワー
- 162　アスパラガス
- 163　ラッキョウ
- 164　ミツバ
- 165　ミョウガ
- 166　シソ
- 167　ニラ

根菜・イモ類

- 170　ダイコン
- 174　カブ
- 178　ニンジン
- 182　ジャガイモ
- 186　サツマイモ
- 190　サトイモ
- 194　ゴボウ
- 198　ナガイモ

豆類

- 202　インゲン
- 206　スナップエンドウ
- 210　エダマメ・ダイズ
- 214　ソラマメ
- 216　ラッカセイ

その他

- 218　ショウガ
- 220　イチゴ
- 224　スイカ
- 228　メロン
- 232　パセリ
- 233　バジル

- 090　Column.1　自分で種をとろう
- 168　Column.2　福田流・混植リレー栽培の1年間
- 200　Column.3　菜園を思い切り楽しもう
- 234　Column.4　畑を借りよう
- 236　野菜づくり用語集
- 239　野菜別INDEX

本書の見方

1 野菜づくりの難易度

★★★ やや難しい　★★ 普通　★ やさしい

2 おすすめの品種
監修者が推薦する初心者がつくりやすい品種、バリエーションを楽しめる品種。（　）内は種苗会社。

3 野菜の特性をアイコンで示しています。

- 日照が多く必要〜少なくても可
- 水やりは多め〜乾かし気味で育てる
- 雨に強い〜雨に弱い
- 多肥を好む〜肥料は少なめ
- 苗で植える〜種で植える
- 病害虫に強い〜病害虫に弱い
- 酸性土を好む〜中和が必要

4 栽培のポイント
栽培するうえで気をつけたいことを簡単にまとめました。

5 栽培スケジュール
関東地方・平坦地での育苗期間、畑への植えつけ・種まき、収穫時期。気候や畑の様子により前後します。詳細は種袋の記載を参照。

6 基本的な植え方
本書では推奨する「9515」タイプのマルチ植えをする場合の畝の幅、高さ、株間、条間を示しています。マルチをしない場合でも、この数値で植えられます。

7 よくある失敗を防ぐコツ
初心者が失敗しやすい点と対策法を示しています。それぞれのコツは栽培の手順にもリンクしています。

8 栽培の手順
栽培の手順をわかりやすく写真とイラストで解説しています。

9 ラクして大収穫できるアイデア
監修者の長年の経験から編み出したアイデアを掲載しています。

10 混植リレー栽培術
各野菜を栽培する際、同時に同じ畝で栽培できるほかの野菜（左）、各野菜を栽培しながら連続して栽培することが可能なほかの野菜（右）を示しています。

PART1

野菜づくりの基本

野菜づくりを行うにあたって、知っておいたほうがよい基礎知識についてまとめました。これからの野菜づくりをスムーズに進めるカギは「土づくり」。よい土をつくるための方法も満載です。

※天候やお住まいの地域、野菜の状態によって作業が前後することも。目安としてご利用ください。

野菜をつくり始める前に

実際の作業に入る前に、野菜づくりの流れや、各作業の詳しいやり方について学んでみましょう。
農薬に頼らない、安心な方法で自然の恵みの本当のおいしさを味わってください。

野菜の分類

野菜はいくつかの種類に分類されます。
同じ仲間の野菜は育て方にも共通するものがあります。

果菜類

果実や種を食べる野菜。多くは春から夏にかけて栽培します。

トマト、ナス、キュウリ、
ピーマン・シシトウ・パプリカ、
オクラ、カボチャ、トウモロコシなど

葉菜類

葉、茎、つぼみを食べる野菜。種類が多く、年間を通して育てられます。

キャベツ、ハクサイ、ホウレンソウ、コマツナ、
シュンギク、チンゲンサイ、ミズナ、
タアサイ、レタス、セロリ、タマネギ、ニラなど

根菜・イモ類

根や地下茎を食べる野菜。多くは冷涼な気候を好みます。

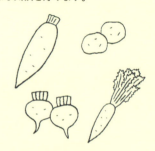

ダイコン、カブ、ニンジン、
ジャガイモ、サツマイモ、サトイモ、
ショウガなど

豆類

サヤにできた豆を食べます。厳密には果菜類の一部です。

インゲン、スナップエンドウ、
エダマメ・ダイズ、ソラマメ、ラッカセイ

そのほか

本書ではフルーツとして楽しむもの、ハーブ類をまとめています。

イチゴ、スイカ、メロン、ハーブ類

1年の野菜づくりの作業

菜園での1年間の作業例を見てみましょう。
春夏に収穫する野菜、秋冬に収穫する野菜とそれぞれ作業が続きます。

例： ― トマト
　　 ― ハクサイ（夏まき）

トマト、ハクサイとも必ずこの時期に作業を行うわけではありません。おおよそのイメージを理解するための例です。

野菜をつくり始める前に

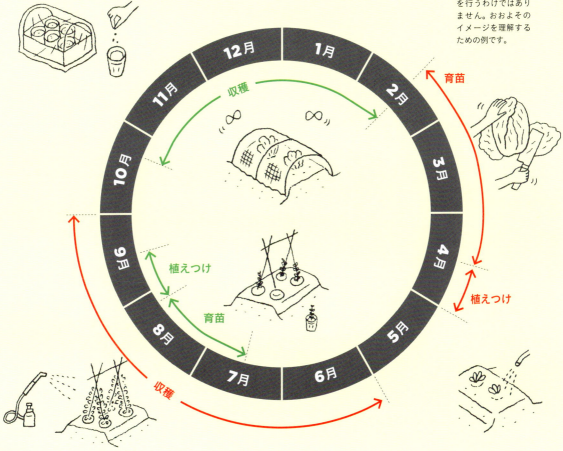

 連作障害について

同じ畑で同じ野菜や同じ種類の野菜を続けて栽培すると、病害虫が多発し、収穫量が減ってしまうことを「連作障害」といいます。

一般に「連作障害」が出るため、一度つくった野菜は何年かつくらないほうがよいと言われますが、家庭菜園ではそうはいきません。よい土づくりをすることで、養分が補われ、土の中の生物バランスが整い、病気や害虫を遠ざけることが可能に。

バランスがとれている場合

バランスが崩れている状態

野菜づくりに使う道具

野菜づくりに特別な道具は必要ありません。以下に挙げているものがあれば事欠きません。
貸し農園では道具を貸してもらえることもあります。

ショベル	クワ	レーキ	カマ

畝を立てるため土を掘ったり、耕したりするほか、根菜類の収穫にも使います。	畝を立てるために耕したり、土寄せをしたり、除草をするのに使います。	櫛形の刃を持ち、畑の表面を平らにしたり、刈りとった雑草などを集めるのにも。	除草に使うほか、葉菜類の収穫やイモ類の地上部を刈りとるのに使います。
ハサミ	包丁	ふるい	ジョウロ

整枝や収穫のほか、ひもを切ったりします。園芸バサミが便利。	ハクサイやキャベツなど株元から収穫するときに使います。	土や種などをふるい分けるのに使います。目の大きさをいくつか揃えると便利。	水やりや液肥を施すときに使用。容量の大きいものがよいでしょう。

穴あけとんとん（自作）

❶直径34mmの木づちに、木製の円すいを接着剤でつけたもの。❷円すい側ではV字型の植え穴を簡単にあけることができます。❸どちら側でも土をかけて押さえる覆土鎮圧ができます。

溝つけくん（自作）

❶厚さ1.2cm、幅9cm、長さ70cmの板2枚を直角に固定し、持ち手をつけます。❷土に押しつけて、すじまき用の溝をつけます。❸種をまき、斜面の土を削るようにかけます。

野菜づくりに使う資材

育てる野菜によって必要なものはやや違います。少しずつ揃えていけばよいでしょう。
シート類はホームセンターなどで少量ずつの切り売りもしています。

育苗箱・トレイ
種をまき、苗を育てるための箱形の鉢。

育苗ポット
苗を育てるポリ製の鉢。いろいろな大きさのものがあります。

ひも
ひも支柱に使ったり、資材や収穫物をまとめるのに使います。

ポリフィルム
ポリエチレン製のフィルム。風・雨よけ、トンネルがけなどに使います。

マルチング材
保温、防虫、防草などの効果を目的に、畝に張るシート類。

防虫ネット
防虫、防風、防寒のためトンネルに使用。目合い（網目の大きさ）0.8mmが便利。

園芸用支柱
株が倒れないようにしたり、誘引したりするのに使います。

園芸ネット
つるを這わせるのに使うネット。目合いはいろいろあります。

クリップ類
支柱やトンネルがけのシートを固定するのに使います。

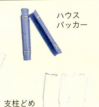

ハウスバッカー

ヘアピン杭　　支柱どめ

トンネル用支柱
トンネルがけの骨組みなどに使う、自在に曲がる支柱。

野菜をつくり始める前に

どこで いつ 何を 植える?

家庭菜園の環境によって、ビギナーが挫折することなく栽培しやすいモデルプランを考えてみました。

モデルプランの見方

園芸家の福田さんが長年研究してきた、限られたスペースでもラクにたくさんとれる方法「混植リレー栽培」の超初心者版を紹介します。土に初めて触れるという人でも失敗なく収穫につなげられる方法として、図のような最初から穴のあいたマルチ(9515・p.35)を使って、その穴に苗を植えつけて(または種をまいて)育てていく方法です。畑の大きさによってこの畝を伸ばしたり、数を増やしたりしてみましょう。

野菜をつくり始める前に

TYPE A 庭の片隅に設けた菜園

**続けられるか自信が
ない人にも最適**

家の敷地内に菜園を設ける場合です。庭が狭く、畑にスペースがさけない場合でも最低1㎡あれば、この栽培法で始められます。農園を借りても続けられるかどうか自信がない人も、まず家の敷地内に小さくてもいいのでスペースを見つけ、手軽な葉物の栽培から始めてみましょう。

TYPE B 自宅に隣接した独立菜園

**こまめに世話ができれば、
果菜類にも挑戦を**

野菜づくりの決意が固く、これから本格的に始めたい人のケースです。家の近くに畑を確保できた場合は、こまめに様子を見に行くことができるため、支柱を立てたり誘引したりする作業が必要な、やや手間がかかるトマト・ナスなどの果菜類（p.8）も最初からとり入れました。

TYPE C 自宅からやや遠い菜園

**手間がかからない
野菜からスタート**

本格的に始めたいが、農園は自宅からやや遠いというケースです。週末にしか作業できない人なら、最初は手がかからない野菜を育ててみましょう。頻繁に通える人はBタイプのプランで始めても。慣れてきたら、各野菜のコーナーで紹介している混植リレー栽培術をとり入れて。

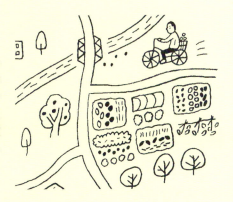

TYPE A 庭の片隅に設けた菜園

庭先がある場合、春から夏までは、まずは葉もの類を中心にエダマメを植えて、夏から秋には菜ものプラス根菜類をつくるプランはいかがでしょう。

 1年め

【春夏の畑】

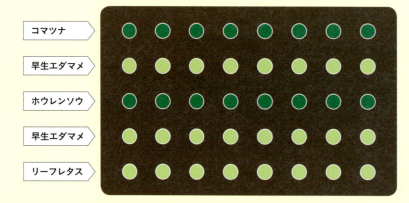

エダマメと葉ものが楽しめる

畝ごとに左のイラストのように植えると、先にコマツナ、ホウレンソウがとれます。リーフレタスは外葉から順にかきとれば長く収穫できます。その後、エダマメが収穫できます。葉もの類は、引き抜かずに地際で切って収穫してもよいでしょう。

【秋冬の畑】

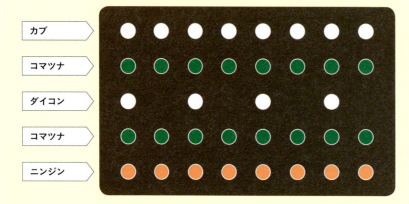

冬の根菜も増え豊かな菜園に

エダマメが終わった7月末、畝はそのまま5列めにニンジンをまきます。同時に暑さに強いコマツナを2列・4列めにまきます。コマツナの収穫が終わる9月にカブ、ダイコンをまき、そのころニンジンを間引き、カブ、ダイコンは9月下旬までに間引きを。色がついていないところはとばして植えます（以下同）。

野菜をつくり始める前に

 2年め以降

【春夏の畑】

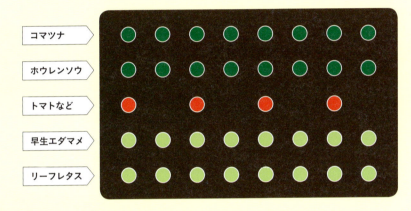

葉ものに加えて果菜類に挑戦を

3月にコマツナ、ホウレンソウ、エダマメをまき、リーフレタスは苗を植えます。4月下旬ころトマト、ナス、ピーマン、キュウリなどの果菜類を中央に植え、果菜類が活着したころ、支柱立てを。収穫は9月に打ち切ります。

【秋冬の畑】

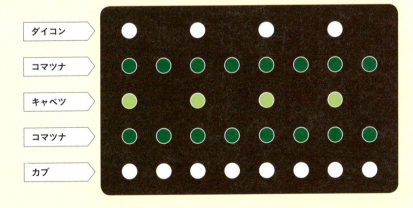

主要野菜が効率よく育てられる

土づくりができていれば畝はそのまま、9月上旬にダイコン、カブ、コマツナの種をまきます。中央にはキャベツ、ブロッコリー、カリフラワー、ミニハクサイなどの苗を。10月上旬にはコマツナを収穫。ダイコンの間引きも。

TYPE B 自宅に隣接した独立菜園

春には葉ものからスタートし、果菜類を夏にかけて連続栽培します。その後は、秋野菜に切り替えて、混植の連続栽培をします。

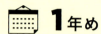

【春夏の畑】

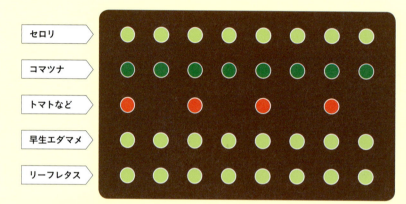

畑をフルに使って果菜類も育てる

3月にコマツナ、エダマメをまき、セロリ、リーフレタスは苗を植えます。4月下旬ころトマト、ナス、ピーマンなどの果菜類を中央に植え、果菜類が伸び始めるころ支柱立てを。収穫は夏いっぱい行い、9月には打ち切ります。

【秋冬の畑】

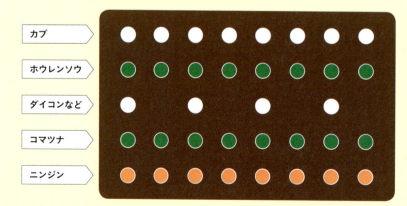

畝はそのままで秋冬野菜を連続栽培

7月末に畝はそのままでニンジンをまきます。9月にはカブ、ホウレンソウ、果菜類のあとにダイコンをまくかキャベツ、ブロッコリー、ミニハクサイの苗を植えます。カブ、ダイコンは9月下旬までに間引きを。

野菜をつくり始める前に

 2年め以降

【春夏の畑】

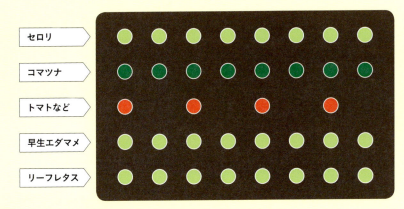

豊かな土で2年めも多種混植連続栽培を

2年めも1年めと同じ栽培で。家庭菜園では連作障害（p.9）を気にしていては何もできません。収穫物以外の残さ（p.237）を通路に置いて畑に返し、自然の肥料で微生物が活発になっていれば連作障害も防げます。

【秋冬の畑】

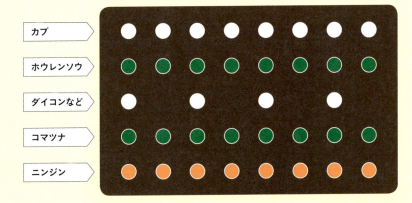

前年と異なる野菜を植えてみる

秋冬シーズンも1年めと同じ方法で。中央に植えるダイコンやブロッコリーなどや周囲の葉ものを前年と違う野菜にしてみるとよいでしょう。作業にも慣れてくるので、畝の長さや数を増やしてみても。

自宅からやや遠い菜園

その気になれば多少遠くても何でも栽培できますが、ここでは手間がかからず、ほぼ放任で栽培できるプランを提案します。

 1年め

【春夏の畑】

- ゴマ（6月〜8月）
- ジャガイモ
- サツマイモ（6月〜10月）

頻繁に世話をする必要のない野菜を

2〜3月にジャガイモを植えてマルチをかけて栽培すると、手間なく6月上旬に収穫できます。マルチをはいでボカシと草木灰をふって畝を立て直し、ゴマとサツマイモを植えます。ゴマは晩夏に刈りとります。

【秋冬の畑】

- タマネギ（11月〜翌6月）
- サトイモ（翌5月〜）

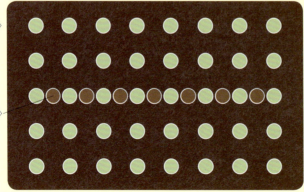

畝を立て直して越冬するタマネギを

サツマイモの収穫後はマルチをはがし、ボカシ肥料と草木灰をふって再び畝を立て直します。同じ9515のマルチを張って、タマネギ苗を植えつけます。越冬して翌年5〜6月に収穫しますが、その収穫前にサトイモを植えつけます。

2年め以降

【春夏の畑】

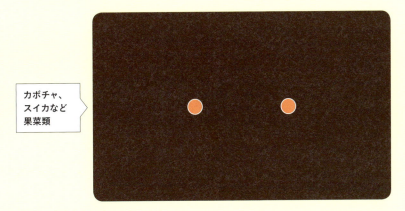

カボチャ、スイカなど果菜類

カボチャやスイカ などを放任栽培

ウリ科の野菜も放任栽培できます。株が小さいときは害虫被害があるので防虫トンネルをかけておきます。受粉は虫にまかせ、旺盛に伸びるつるは、敷きワラをすると、つるの巻きづるがワラをつかみ、誘引も不要です。

【秋冬の畑】

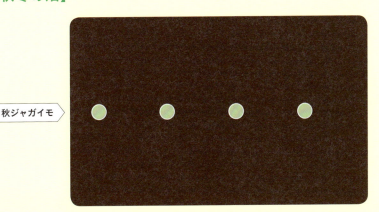

秋ジャガイモ

秋ジャガ、ソラマメ などの連続栽培を

カボチャやスイカは夏で終わるので、夏の終わりに秋ジャガを植えると、11月に収穫できます。残暑が厳しい場合、種イモが腐らないようにマルチは発芽後にかけます。このあとソラマメやタマネギの苗を植えることもできます。

野菜をつくり始める前に

野菜づくりの流れ

野菜づくりのだいたいの流れを押さえておきましょう。
手間をかけず、あまり難しいことを考えなくても、安全でおいしい野菜を育てることができます。

🛒 畑の準備をする

まずは畑の準備。よい土さえできていれば、トラブルの少ない野菜づくりが十分可能です。

よい土とは

粒が団子状になっているのがよい土です。

畑の土をぎゅっと握ってみます。

押して崩れれば水はけ、水もちのよい土。

BAD
土の粒がぎっしりして通気性も水はけも悪いです。

GOOD
粒が団子状にくっつき、通気性、水はけ、保水力があります。

☑ **適度に水はけがよい**
野菜は水分を必要としますが、水はけが悪いと、根腐れを起こしてしまいます。

☑ **通気性がよい**
通気性がよくない土は根に十分な酸素を送ることができません。

☑ **保水性がある**
適度に水はけがよくても、根の隅々にまで水を行きわたらせることが必要です。

満たさないときの対処法
● リフレッシュする→p.21参照
● 有機質堆肥を入れる→p.24参照

☑ **野菜に適した酸度である**
栽培を続けると土が酸性化して生育が悪化。ただ、弱酸性を好む野菜もあるので適切な酸度に。

満たさないときの対処法
● 酸度を調べて調整する→p.22参照

☑ **栄養分がある**
野菜を育てるために必要な栄養分は土づくりをするときや、栽培途中で補給します。

満たさないときの対処法
● 堆肥や肥料をすき込む→p.24参照

| 畑の準備 1 | # 土をリフレッシュする〈天地返し〉 |

新しく畑をつくるとき、貸し農園を使うときは天地返しを行って土の上下を入れ替えます。部分的に行うだけでも雑草の種や病原菌が下にいき、健康な土が上になります。

野菜づくりの流れ

1 レーキを使って表層土を寄せる

穴を掘る位置の片側の表層土を20cmくらい掘って、レーキで反対側まで寄せます。

2 深さ1mまで掘り下げていく

ショベルの幅で深さ約1mまで掘り進めます。掘った土（深層土）は❶の山の反対側に積みます。

3 表層土で埋め戻す

掘った溝に、❶で寄せていた表層土を落として埋めます。ときどき溝に入って踏み固めましょう。

4 深層土を表面に広げる

❷で掘り出した深層土を畑の表面にレーキで広げます。土が入れ替わり、天地返しは完了です。

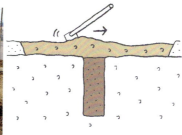

畑の準備 2

酸度を調整する

日本の土壌は一般に酸性寄りです。酸性の雨が土中の石灰（アルカリ分）も流すため、また化学肥料の使用も原因です。酸性度が高くなると野菜の生育が悪くなり、病害虫も発生しやすくなります。そこで野菜に合った酸度に調整することが必要です。

酸度の調べ方

リトマス紙で調べる場合は、蒸留水に畑の土を溶かしてよく混ぜ、上澄み液にpH測定用リトマス試験紙を浸し、酸度を調べます。試薬と反応させてカラーチャートと比較する検査キット（右写真）もあります。

検査キット

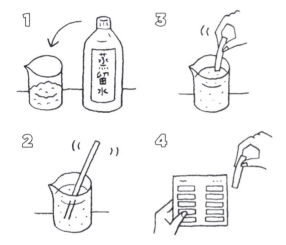

酸性土壌の場合

土づくりをするときに、草木灰やもみ殻くん炭、かき殻などの有機石灰をまいて、畑の土と混ぜ合わせ、中和させます。

アルカリ性土壌の場合

極端なアルカリ性になることはあまりありませんが、そのような場合は、ホウレンソウなど酸性土壌を好まないものを植えて、土壌を改良していく方法もあります。

中和剤

草木灰
草木を燃やした灰。手づくりできますが市販品も多く出ています。

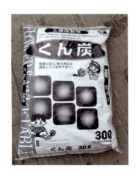

もみ殻くん炭
米のもみ殻を燃やしてできた炭。ホームセンターや種苗店で手に入ります。

手づくり草木灰

灰をつくる環境が整っていれば、手づくりも。ここでは煙が出ないロケットストーブを使用。

ロケットストーブに残さや、乾いた木の枝や雑草を入れます。

灰がくすぶった状態でカメに回収しふたをして冷まし、ふるいにかけてできあがり。肥料袋などに保管します。

土と野菜の相性

野菜によっては、相性のよい土の性質や酸度があります。育てるたびに過度に注意する必要はありませんが、トラブルが生じてその原因を考える際に、こうした野菜の特徴を知っておくと役立ちます。

土壌の性質に合った野菜

粘土質や砂質の土と相性のよい野菜もあります。とはいえ、粘土も砂も極端に多くではなくバランスよく含まれていることが大切。

性質	野菜
粘土質の土	
砂質の土	

土壌の酸性度合いと適した野菜

ほとんどの野菜は弱酸性の土壌を好みますが、なかにはややアルカリ性寄りの土壌や、やや酸性寄りの土壌を好む野菜もあります。

性質	野菜
酸性に強い	
酸性にやや弱い	
酸性に弱い	
酸性にとても弱い	

 土の性質にも好き嫌いが

農薬や化学肥料を使わず堆肥と有機質肥料を施しておくと、多種多様の生物の働きで、自然に空気をたっぷり含んだやわらかい土ができます。また、野菜は右のように、乾いた土を好むものと水分の多い土を好むものがあります。

乾いた土を好むもの

水分の多い土を好むもの

野菜づくりの流れ

畑の準備 3 堆肥を入れる

天地返しをした畑に堆肥をたっぷり入れます。有機質の堆肥にはいろいろあり、市販品も多く売られていて、植物に必要な肥料分をバランスよく含んでいます。

 →

生ゴミからつくった堆肥や残さを入れる場合は、畑の中央に溝を掘り、その中に入れ、土をかぶせます。

バーク堆肥や鶏ふんなど粉粒状のものを入れるときは、全面にまんべんなくまいて、土をよく混ぜ合わせます。

堆肥いろいろ 生ゴミ堆肥→p.25　落ち葉堆肥→p.26

畑の準備 4 肥料を入れる

堆肥の次に肥料を入れます。有機質の肥料はじわじわと長期間にわたって効くので、最初に畑づくりをするときにたっぷり入れておきましょう。

 →

全面にまんべんなく肥料をまきます。

土とよく混ぜ合わせます。

肥料いろいろ 植物活性液［ヨモギ発酵液（天恵緑汁）］→p.28　ボカシ肥料→p.29

堆肥と肥料のつくり方

ここでは手軽な材料で簡単にできる有機質の堆肥、肥料のつくり方を紹介します。
市販品もたくさんありますが、慣れてきたら手づくりをしたほうがコストがかからないでしょう。

生ゴミ液肥と生ゴミ堆肥のつくり方

1 容器を用意する
市販のコックがついたバケツ状の生ゴミ処理器を用意します。

2 生ゴミとボカシ肥を入れる
水気を切った生ゴミ、発酵を促すためのボカシ肥料（p.29・1回の生ゴミに対してふた握り程度）を入れます。

3 2をくり返す
生ゴミを入れるたびにボカシ肥を入れることを、容器がいっぱいになるまで続けます。

4 液肥をとり出す
容器がいっぱいになってから1週間後、コックをひねって容器の底にたまった液を採取します。

5 貯蔵
汁は液肥に。ペットボトルに入れ、破裂予防のため、ふたをゆるめて保管します。

6 施し方
液肥は水で約100倍に薄めてジョウロなどで野菜に散布します。ヨモギ発酵液（p.28）を入れても効果的。

生ゴミチェック

残ったかすは堆肥に

液肥を絞ったかすが堆肥となります。これを畑に入れれば、夏なら1カ月程度で土になります。畝に入れるときは溝を掘って入れ、上から土をかぶせます。

○

野菜・果物の皮

×

卵の殻・貝類殻

×

紙・ビニール・水分

落ち葉堆肥のつくり方

木枠をつくる
コンパネ材などで90cm四方の木枠をつくっておきます。

落ち葉を入れる
集めてきた落ち葉を木枠に入れます。

落ち葉を探す
郊外での落ち葉探しには苦労しませんが、都会なら木枯らしが吹いた翌朝、きれいな落ち葉を集められます。

足で踏む
足で踏み、かさを少なくします。

落ち葉を集める
風の吹きだまりには落ち葉がたくさん集まっているので、効率よく集められます。クヌギやケヤキがよいでしょう。

ボカシをまく
落ち葉の表面全体に行きわたるように、ボカシ肥料（p.29）をまきます。

野菜づくりの流れ

7 生ゴミ液肥をかける
水で薄めた生ゴミ液肥(p.25)をジョウロでかけます。

8 ふた、重しをする
木枠がいっぱいになったら表面にビニールを落としぶたのようにかけ、ブロックなどの重しをのせます。

9 かき混ぜる
年内はそのままにし、年明けから春までの間に一度、全体をかき混ぜて発酵を均一にします。

10 保存する
1年たったら木枠から出してあきスペースに雨よけをして積むか、肥料袋などに入れて保管します。

市販の堆肥

ホームセンターや園芸店などで簡単に手に入ります。
すでに発酵は終えているので、袋から出してすぐに使えます。

牛ふん	豚ぷん	ミックス堆肥	バーク堆肥

牛のふんを発酵乾燥させたもの。多すぎるとカリ(p.30)が過剰になるので注意します。	豚のふんを発酵乾燥させたもの。肥料の効果が高いので、施しすぎには注意しましょう。	牛、鶏、豚などの家畜のふんやバーク堆肥などがミックスされたもの。配合内容の確認を。	木の皮の部分を発酵させたもの。肥料分は少なめなので牛ふんなどを混ぜるとよいでしょう。

🌱 植物活性液［ヨモギ発酵液（天恵緑汁）］のつくり方

酵素がたっぷり含まれたヨモギの新芽を、ミネラルを豊富に含んだ黒砂糖と漬け込み、微生物の働きで植物を活性化させる液が天恵緑汁です。

材料

ヨモギの新芽（できれば4～5月の早朝に摘みとったもの）

黒砂糖

1 新芽を細かく刻む
ヨモギの新芽をナイフなどで細かく刻みます。こうすることで発酵が早く進み、液もたっぷりとれます。

2 黒砂糖を入れて混ぜる
ヨモギに黒砂糖（ヨモギの重さの2分の1の量）をまぶし、全体をしっかり混ぜ合わせます。

3 バケツに移す
カメやバケツにぎっしり詰めます。

4 重しをのせる
空気を抜くため、重しをのせます。

5 液を採取する
1週間たったら容器を傾けて発酵液を抜きとります。

6 保管する
液はペットボトルに入れ、破裂を防ぐためふたはゆるめ、日陰で保管します。

使うときは　500倍に薄めて使用

野菜が弱っているときや、剪定などでストレスをかけたときなどに、水で500倍に薄めてジョウロなどで散布します。

🄿 ボカシ肥料のつくり方

ボカシ肥料とは、米ぬかや油かすなど複数の有機肥料をブレンドし、発酵させてつくる肥料。栄養分のバランスがよく、速やかに効果が現れるのが特長です。市販のボカシ肥料もあります。

材料 12ℓのバケツ用

米ぬか…3.5kg

A ┌ 油かす…1.5kg
　├ 魚粉…1.5kg
　├ 骨粉…1kg
　└ きび砂糖(または黒砂糖)…750g

汲み置いてカルキをとばした水…1.5ℓ
ヨモギ発酵液…100mℓ

野菜づくりの流れ

1 米ぬかを入れる
大きめの容器に米ぬかを入れます。

2 各材料を入れる
1にAを入れてよく混ぜます。

3 発酵液と水を入れる
2にヨモギ発酵液と水を、何回かに分けて入れます。

4 水分をなじませる
材料を手でこすり合わせるようにしてなじませます。

5 状態をチェックする
ぎゅっと握ると塊になって、指で押すと割れるくらいの硬さになるよう調整します。

6 バケツに入れる
5をバケツに詰め、ビニールをかぶせて中の空気を押し出します。

7 発酵させる
ふたをして密閉させ、夏なら1週間、冬なら1カ月で完成します。

8 乾燥させる
天日乾燥し、水分をとばしてサラサラにすると、菌が休眠して長期保存が可能。

肥料の基礎知識

生ゴミ液肥やボカシ肥料は肥料の成分をバランスよく含んでいるので、難しいことを考えなくても栽培するのに十分な栄養を与えることができますが、ここでは肥料の成分について紹介しておきます。

【肥料の三大要素】

野菜が元気に育つための要素は以下の3種類です。市販の肥料を購入するときには、この3要素のバランスを確認しましょう。

N 窒素

葉や茎を茂らせる働きがあります。米ぬか、油かす、鶏ふんなどに多く含まれています。

P リン酸

根、新芽、花や実を生長させる働きがあります。米ぬか、骨粉、魚粉などに多く含まれています。

K カリ

根を伸ばしたり、光合成を助けたりする働きがあります。イモやマメも大きく太らせます。草木灰やくん炭などに多く含まれます。

【元肥と追肥】

元肥
種まきや苗の植えつけの前に、畑に施しておく肥料。

追肥
作物の生長に合わせて、必要に応じて補充していく肥料。

【各野菜の元肥の量】

畝を立てるときにすき込む堆肥は各野菜とも、1㎡あたり約5kg、草木灰（かき殻などでも可）は1㎡あたりひと握りが目安。ボカシ肥料は野菜によって異なり、下の表を目安にしましょう。なお、ゴボウ、エダマメ、ラッカセイは堆肥、草木灰、ボカシ肥料とも与えません。サツマイモは草木灰ひと握りのみ与えます。

野菜	ボカシ肥料の量 （1㎡あたり・g）
トマト	500
ナス	500
キュウリ	500
ピーマン・シシトウ・パプリカ	500
オクラ	500
カボチャ	500
トウモロコシ	300
ズッキーニ	300
ニガウリ	500
ゴマ	200
キャベツ	300
ハクサイ	200〜300
ホウレンソウ	200
コマツナ	200
シュンギク	300
チンゲンサイ	200
ミズナ	200
タアサイ	200
レタス	200
セロリ	500
タマネギ	300
ナガネギ	植えつけ2週間後まで与えない
ニンニク	500
ブロッコリー・カリフラワー	300

野菜	ボカシ肥料の量 （1㎡あたり・g）
アスパラガス	3握り
ラッキョウ	200
ミツバ	200〜300
ショウガ	200
シソ	200〜300
ニラ	200〜300
ダイコン	300
カブ	200
ニンジン	300
ジャガイモ	種イモの間にひと握りずつ
サツマイモ	−
サトイモ	300
ゴボウ	−
ナガイモ	300
ショウガ	200
インゲン	300
スナップエンドウ	500
エダマメ・ダイズ	−
ソラマメ	300
ラッカセイ	−
イチゴ	500
スイカ	500
メロン	500

畝を立てる

畑で野菜を育てるには、種や苗のベッドにあたる畝を立てることから始まります。
ここでは土づくり、施肥、畝の立て方までを紹介します。

1 堆肥を入れる
畝を立てる予定の場所の中央に溝を掘り、その中に堆肥を入れて（各野菜の量の目安はp.31）土を戻します。

2 ボカシをまく
畑の全面にボカシをまきます（各野菜の量の目安はp.31）。

3 草木灰をまく
草木灰やもみ殻くん炭、かき殻などを全面にまきます（各野菜の量の目安はp.31）。

4 土と混ぜ合わせる
表面の土をふるいにかけ、レーキなどで肥料とよく混ぜ合わせます。

5 土を寄せる
畝の幅と高さ、長さをあらかじめ確認し、それに合わせて土を寄せて盛り上げます。

6 平らにならす
土の表面をレーキなど（写真は「溝つけくん」・p.10の改良農具「四福」）で平らにならします。

マルチをかける

畝を立てたらマルチフィルムをかけます。冒頭で紹介したように、
マルチをかけることで保温、保湿、防虫、防草効果などがあり、ビギナーでもうまく栽培できます。

野菜づくりの流れ

1 畝の形を整える
畝の表面と側面をレーキなど（写真は「溝つけくん」p.10）
できれいに整えます。

2 周囲に溝を掘る
マルチをかけたあとに土で押さえるため、あらかじめ畝
の4辺に溝を掘っておきます。

3 マルチを伸ばす
マルチを畝に置き、マルチの1辺を土で埋めて固定し、
スルスルと伸ばしていきます。

4 ピンと張る
3辺の溝にマルチの裾を入れて畝に密着させるように、
マルチをピンと張ります。

5 周囲を土で固定する
左右のマルチの裾を土で固定します。マルチがズレない
ように、足でマルチを引っ張りながら行うとよいでしょう。

6 マルチを切る
マルチをカッターやハサミで切り、残りの1辺の裾も土
で固定します。

マルチング

畑仕事に慣れないうちは、マルチが大きな味方。本書では、ほとんどの野菜を冒頭で紹介したタイプの穴あきマルチを使うことで失敗なく収穫できるよう、栽培方法を紹介しています。ポリフィルムの代わりにワラや残さもマルチになります。

【マルチの効用】

① 土が硬くなるのを防ぐ
雨が降って土が流れて畝が崩れたり、土が硬くなることを防ぎます。

② 肥料や養分の流出を防ぐ
施した肥料や蓄えた栄養分が畝から流れ出てしまうのを防ぐ働きをします。

③ 雑草を防ぐ（透明マルチ以外）
黒いマルチフィルムなど光を通さないものをかけておくと、雑草が生えません。

④ 保温効果がある
透明のマルチフィルムは保温効果があり、黒いマルチフィルムは真夏の地温上昇を防ぎます。

⑤ 保湿効果がある
作物の蒸散作用以外、余分な水分の蒸発を抑えられるため、保湿効果があります。

⑥ 雨水や泥のはね返りを防ぐ
土と作物の間にフィルムが入るために、雨水や泥のはね返りを防ぎ、きれいな状態で作物が育ちます。

⑦ 病害虫の発生を抑える
物理的に病害虫を遠ざけるほか、野菜を健康に育てるので病害虫被害を受けにくくします。

【マルチの種類】

黒マルチ
黒いポリフィルム製。防寒、防虫、防草効果があります。

シルバーマルチ
反射性が高く、虫が嫌がります。

透明マルチ
透明なポリフィルム製。下の様子がわかります。

穴あきマルチ
最初から穴があいているもの。サイズは豊富です。

便利な9515の穴あきマルチで育てよう

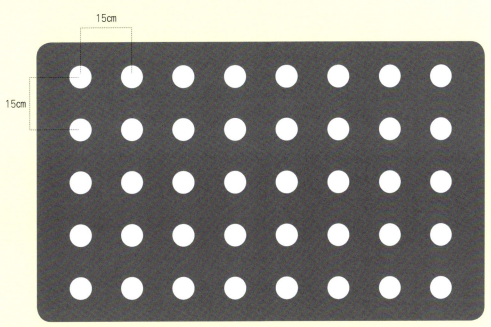

マルチフィルムに最初から穴があいているものを「穴あきマルチ」といいます。このうち「9515」と呼ばれるもの（幅95cm、株間15cm）は多くの野菜に使えます。春にマルチがけをしたら、翌年3月までかけっ放しにして、いろいろな野菜を育ててみましょう。

●1穴ずつ植えつけ、または種をまいて育てられるもの
ほとんどの葉もの類（ホウレンソウ、コマツナ、シュンギク、チンゲンサイ、ミズナ、春のタアサイなど）、タマネギ、ニンジン、ニンニク、カブ、オクラ、ワケギなど

●1穴おきに植えつけ、または種をまいて育てられるもの
冬のタアサイ、ダイコン、レタス、ミニハクサイ、トウモロコシ、セロリなど

●1穴に複数の種をまいて育苗することができるもの
ナガネギ、タマネギ

種のまき方・苗の植え方

野菜には、直接、畑に種をまいて育てていくものと、畑には苗を植えつけて育てていくものがあります。種のまき方には、育つ大きさによってふさわしいまき方があり、「点まき」と「すじまき」のほか、葉菜類を密植しながら育てる「バラまき」があります。

種をまいて育てる野菜

種から育てる野菜は、栽培期間の短い葉菜類や一度植えたら移植のできない根菜類です。多めに種をまくとたくさん発芽するので、間引きながら育てていきます。種袋に記載されている種まき時期を守りましょう。

【このほか】
トウモロコシ、タマネギなども種からでも育てられます。マメ類も種から育てられるのですが、種まき後は鳥に食べられてしまうので、注意が必要です。

苗を植えつけて育てる野菜

畑に苗を植えつけて育てる野菜は、主にトマトやナス、ブロッコリーなどの果菜類です。種まきの時期が春先のまだ寒い時期や暑さが厳しい時期で、種からでは育ちにくいものです。市販苗を利用するか、育苗をしたものを植えます。

【このほか】
ズッキーニ、ニガウリ、イチゴなども苗から植えつけたほうが失敗しません。これらは慣れてきたら、自分で種から苗まで育てる（育苗）こともできます。

種イモ・種球を植える野菜

ジャガイモやサトイモなどのイモ類は種イモを、ニンニクやショウガなどは種球を植えつけて育てます。サツマイモはイモ類ですが、苗を植えつけます。

ジャガイモ　サトイモ　ナガイモ　ラッキョウ　ニンニク　ショウガ

| 種のまき方 1 | # 点まき |

ダイコンやトウモロコシなど、大きく育つ野菜の種をまくときは、あらかじめ一定の間隔をあけて、1カ所に数粒ずつの種をまく「点まき」を行います。生長に合わせて間引いていき、最終的には1株にします。植え穴の深さは種の大きさの3倍くらいが目安です。

1 植え穴をあける
種をまく場所に、指の第一関節の半分くらいの深さの植え穴をあけます。

2 種を落とす
植え穴の中に、種を数粒ずつ落とします。

3 土をかける
落とした種の上に土をかぶせます。かぶせる土の厚さは野菜によって異なります。

4 指で押さえる
かぶせた土の上から指で押さえ、種が土と密着して水分を得やすくします。

点まきができる野菜 ダイコン、トウモロコシ、ソラマメ、インゲンなど

| 種のまき方 2 | # すじまき |

ニンジンやコマツナなど、小さな野菜の場合は畝に溝をつくって、列のようにまいていく「すじまき」をします。数回間引きながら、最終的には適切な株間になるようにします。

1 溝をつける
深さ1cmのまき溝をつけます。「溝つけくん」(p.10)のほか支柱を押し当てても。

2 種を落とす
溝に1～2cm間隔で種を落としていきます。まきすぎると後の間引きが大変です。

3 土をかける
溝の左右の土をかぶせます。かぶせる土の厚さは野菜によって異なります。

4 土と種を密着させる
「溝つけくん」(p.10)で再度押さえ、土と種を密着させます。

すじまきができる野菜 ニンジン、コマツナ、シュンギク、ホウレンソウ、カブなど

種について知ろう

世話をすることによって、小さな種が野菜へと生長します。育て始める前に、種について知っておきましょう。種は市販のものを購入するほか、固定種と呼ばれるものなら自家採種も。自家採種をするとその畑の環境に合った野菜になります。

【種袋の見方】

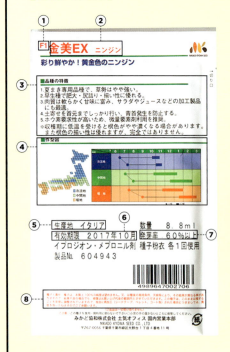

種袋は情報の宝庫！

種を購入するときはまず、袋に書かれた情報を確認して、自分の畑で育てるのに適したものかを見てみましょう。有効期限が過ぎると発芽率が低下するので、余裕のあるものを。

① 種の種類

「固定種」、「F₁」の種別。前者は単一系統の親をもち、性質が固定されたもの。後者は2系統の親をもつ雑種の一代めで、優れた性質があっても、子の代は同じものになりません。

② 品種

ひとつの野菜にもいろいろな品種があるので、その品種名が書かれています。特定の病気に抵抗性をもつ場合は、その旨の表示がされていることもあります。

③ 品種の特徴

品種の特徴や適切な栽培環境、種まきの時期、栽培のポイントなどがわかりやすく書かれています。同じ野菜でも品種によってこれらが異なることもあるので必読です。

④ 作型図

寒冷地、温暖地、暖地などの気候区分による栽培時期がわかりやすく示されています。自分の畑の属している気候区分に合わせて栽培しましょう。

⑤ 生産地

種を採種した国や地域が示されています。

⑥ 有効期限

種を適切に保管した場合の有効期限の目安です。

⑦ 発芽率

種苗会社で発芽試験をしたときの発芽率が記載されています。

⑧ その他

注意事項や警告が書かれています。

【種の種類】

無加工のもの

種の表面に特別な加工を施されていないもの。

加工されたもの

発芽しやすくコーティングされたものや、殺菌処理されたものも。

シーダーテープ

テープの中に一定間隔で種が封入されたもの。このまままきます。

【種をまいたら目印をつける】

種袋を利用して

種袋の下部を切りとって種を出し、品種名は残しておきます。ここにまいた日付を記入し、ヘアピン状の杭にかぶせて、植えたところに挿します。

ビニールテープを利用して

ビニールテープにまいた種の品種名とまいた日付を記入し、マルチフィルムに貼ったり、ペグに貼りつけて畑に挿したりします。

【種の保管方法】

種袋を折ってとじる

市販の余った種は種袋を薬包紙のように折ってとじておきましょう。

小袋やびんを利用する

チャックつきの小袋やびんに入れて、冷蔵庫の野菜室で保管します。

種イモは土室で

種イモは厳冬期も凍らず、多湿の土室に入れて春まで保管します。

苗の植え方 1

苗の選び方

市販の苗を購入するときは、健康でよい苗を選びましょう。
苗選びはその後の生長のカギになります。

よく育つ苗の特徴

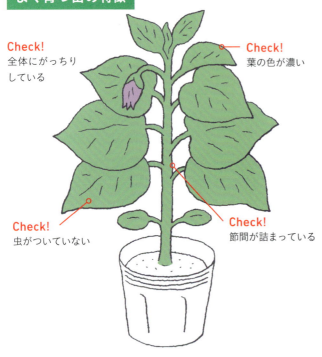

Check! 全体にがっちりしている

Check! 葉の色が濃い

Check! 虫がついていない

Check! 節間が詰まっている

葉の色が濃く、節間が詰まっていてがっちりした印象の苗がよい苗。病気になっていないか、虫がついていないかを、葉裏まで見て選びましょう。

抵抗力のある接ぎ木苗を

台木に別の種類の苗を接ぎ木してつくられた苗で、病害虫や連作、低温に強い性質をもっています。価格は高めですが、ナス科やウリ科の野菜を育てる場合におすすめ。台木と接ぎ木された木、それぞれの双葉がついています。

【接ぎ木苗におすすめの野菜】

 ナス キュウリ トマト

 メロン スイカ

苗にはいろいろな形があります

ひとくちに苗といっても、いろいろな形のものがあります。

 ナス  アスパラガス  サツマイモ  タマネギ

想像もしないようなおもしろい形の苗や、タマネギなど畑から掘り上げた状態で売られているものもあります。

苗の植え方 2

苗の植え方

苗を植えつける前は、たっぷり水を与えておきます。
傷まないよう、用意したらすぐに植えつけましょう。

野菜づくりの流れ

1 苗を仮置きする
マルチの上から、苗をポットのまま、植えつける間隔で並べておきます。

4 ポットから苗を出す
ポットの底を押し、根鉢を傷めないようにポットから苗をはずします。

2 マルチに穴をあける
苗を植える場所にそれぞれ、ハサミなどでマルチを丸く切りとります。穴あきマルチの場合はこの作業は不要です。

5 植え穴に入れる
植え穴に根鉢を入れ、すきまに周囲の土を寄せて入れておきます。

3 植え穴を掘る
手で植え穴を掘ります。ポットよりやや大きめに掘り、穴にヨモギ発酵液を注いでおいてもよいでしょう。

6 土を押さえる
上から手で押さえ、根鉢と畝の表面が同じくらいの高さになるようにします。

苗づくり

野菜づくりに慣れてきたら、苗を自分でつくってみると楽しさが倍増します。
夏野菜の育苗は早春の保温が必要で、秋冬野菜の育苗は真夏の暑さ対策が必要。
畑や自宅の環境に合わせて、自分で工夫してみるとよいでしょう。

用意するもの

土

育苗用には市販の培養土を使えます。一度ふるいにかけてから使うとよいでしょう。

育苗ポット

移植をするので大小（7.5cm、9cm、12cmなど）用意します。

温度計

春の育苗では地温を確認するため、温度計を用意しましょう。

育苗箱

一斉に種をまいて発芽させ、よい苗を選んで育苗ポットに移植します。

トレイなど

ポットをまとめておけるトレイ、保水性のあるマットなども。

育苗用の種のまき方

1

ポットに土を入れる
12cmのポットの8分めまで土を入れます。

2

温度管理をする
育苗中、地温が20〜25℃になるよう、温度管理をします。

3

種をまく
ポットの地面に均等になるように種を落とし、種が隠れる程度に土をかけます。

4

水やり
加温中は毎日午前中に水やりをします。地温を確認しながら行いましょう。

育苗中の管理の仕方

発芽

1ポットで複数発芽させたあと、少し温度の低い場所に移動します。

移植

本葉が1〜2枚出たところで、1本ずつ小さめのポットに移植します。

水やり

乾かないように毎日たっぷり水やりをします。

鉢増し

鉢底から根が見えたらひと回り大きなポットに再移植（鉢増し）します。

ずらし

徐々に温度の低いところへ動かし、隣の葉がぶつからないようにします。

外気に慣らす

さらに日中は外気に当てて慣らし、がっちりした苗にします。

温度管理のアイデア

保温ハウス
園芸店などで入手できるビニールパイプハウス内に保温できる簡単な装置を入れてもよいでしょう。

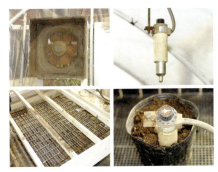

左上：ハウスの換気扇、右上：換気扇用サーモスタット、左下：電気ヒーター、右下：地温用サーモスタット

育苗期間の目安（気候や環境によって前後します）

日数	野菜名	植え替え適期の状態
70日	ナス	一番花が咲いたら
60日	トマト	一番花が咲いたら
	ピーマン	一番花が咲いたら
	タマネギ	草丈が20〜30cmになったら
	ズッキーニ	本葉が4〜5枚出てきたら
45日	スイカ	本葉が4〜5枚出てきたら
	メロン	
30日	キュウリ	本葉が4〜5枚出てきたら
	カボチャ	
	キャベツ	
	チンゲンサイ	
	レタス	
	ブロッコリー	

野菜づくりの流れ

🛒 トンネルをかける

野菜づくりでの「トンネル」とは、ポリフィルムなどの被覆素材をトンネル状に仕立て、野菜を防護するもののことです。

トンネルの効用

① 虫や鳥の害を防ぐ
種まき、苗の植えつけをしたときから虫や鳥に狙われています。すぐに防虫ネットのトンネルをかけて、防御を。0.8mm以下の目合いのネットが使いやすいでしょう。

② 強風から守る
露地植えの場合、植えつけてすぐの頼りない苗は、強風にあおられると倒れてしまうため、風よけとしてトンネルは使います。

③ 雨をよける
雨に弱い作物を育てるときはポリフィルムのトンネルを。ネット状のものを使うと、雨はトンネルの中に入ってしまいます。

④ 遮光
夏の暑い日差しを避けたいときなどは、遮光性の高い寒冷紗などを使うとよいでしょう。

⑤ 保温・霜よけ
作物を寒さや霜から守る役目もします。ただし、防虫ネットでは霜よけ効果はあっても、保温効果は低いのでポリフィルムのトンネルをかけましょう。

トンネルのつくり方

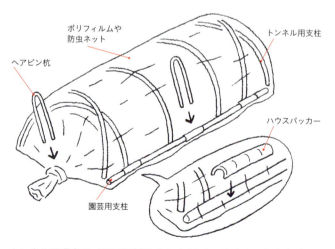

トンネルづくりに必要な資材

トンネルは頑丈で、風に飛ばされないようにしておかないと意味がありません。被覆材は園芸用支柱とハウスパッカーで固定したうえで、さらにヘアピン杭を打ち込んで留めておくと安心です。

トンネルは一式ずつまとめてたたんでおくと、使うときに便利で手早く作業ができます。

開閉がラクなトンネルのかけ方

ネットを支柱にとりつける
トンネル側面の裾になる部分に園芸用支柱を当て、ハウスパッカーで、3カ所をとめます。反対側も同様にします。

トンネル用支柱を挿す
グラスファイバー製の弾力のあるトンネル用支柱を、畝のわきに1m間隔で挿していきます。

アーチをつくる
畝の反対側にいき、2で挿した支柱の先をもって、足元側に挿し、アーチにします。

端には2本のアーチを
両端は強度を増すために、もう1本、トンネル用支柱を交差させて挿し、アーチを2本にします。

ネットをかぶせる
ネットを固定した園芸用支柱を手にもち、アーチ越しに反対側に投げて、トンネル用支柱にかぶせます。

杭で固定する
両端に余っているネットを絞ってまとめ、その上からヘアピン杭を打ち込んで、地面に固定します。

側面の裾を固定する
側面の裾（園芸用支柱に固定したところ）のパッカーの上からもヘアピン杭を打ち込んで、地面に固定します。

完成
トンネルがかかりました。アーチにした支柱の高さを揃えたり、たるみがないよう微調整したりして完成です。

穴をあけない杭
ヘアピン杭の頭をL字形に曲げておくと、杭を打ち込んだときにネットに穴があかず、便利です。

開閉は自由自在
側面の杭をはずせば、園芸用支柱ごともち上げることで、トンネルの開閉が簡単にできます。

トンネルの片づけ方

トンネルをはずしたら、たたんだネットの上に材料一式をすべてのせます。

くるくる巻いて、ひもで縛って次回のトンネルがけに備えて保管しておきます。

野菜を収穫し、トンネルをはずしたら支柱、パッカー、杭などの道具一式をネットに包んでひもで縛って保管しておきます。こうしておくと、次にトンネルがけをするときに材料を揃える手間が省けます。

そのほかの被覆方法

トンネルをつくって作物を保護するほか、支柱を立てずに作物を直接覆う方法やあらかじめ畝の大きさに合わせた小トンネルをつくっておく方法もあります。

【作物を直接覆うベタがけ（不織布）】

種まきや苗を植えつけたあと、その上から不織布を布団のように直接かけます。収穫までかけておきます。

【便利な小トンネル】

1. 材料一式です。

2. よく使う畝幅で木枠を組みます。

3. トンネル支柱の端を木枠にあけた穴に差し込みます。

4. ポリフィルムをかけて木枠にとめます。ポリフィルムは換気穴をあけます。

5. ポリフィルムでも防虫ネットでも張れます。畝にももっていき、置くだけです。

【被覆資材の種類】

	目的	かけ方	特徴
不織布	保温、保湿、防虫、防風	トンネルがけ、ベタがけ	通気性がよく、光もよく通す。
寒冷紗	防風、日よけ	トンネルがけ	夏は防虫、遮光に、冬は防風、防霜にも使える。
防虫ネット	防虫	トンネルがけ	防ぎたい虫によって目合いを選べる。赤色ネットはより効果的。
ポリフィルム	保温、防風	トンネルがけ	保温性は高いが、通気性はないので、換気穴をあける必要がある。

🛒 間引き

間引きとは、多めにまいた種が発芽したあと、元気な株を残し、弱った苗をとり除きながら、適切な株間にしていくことです。

間引きの目的

① 発育不良の苗をとり除く

元気のよい苗だけを選んで育てることができます。ここまで競わせることも生長力を引き出しています。

② 株間の調整をする

間引くことによってその野菜にとって適切な株間にできます。日当たりや風通しもよくなります。

①の例：トウモロコシ

1 ひとつの穴に3粒ずつ種をまきます。

2 複数の株が育ってきます。

3 大きくて元気な株を1本残して、そのほかの株は引き抜きます。

4 ひと穴に1本の苗を育てていきます。

②の例：ニンジン

1 まき溝に種を落とします。

2 列のようになって、発芽しました。

3 何回かに分けて間引きます。

4 最終的には10cmくらいの株間に調整します。

支柱を立てる・誘引する

草丈が高くなる野菜や、つるを伸ばしていく野菜などには支柱を立て、
生長を支える必要があります。つる性の野菜は支柱につるを誘引します。

支柱立ての目的

① 風や実の重さで倒れるのを防ぐ
草丈が高くなり安定感がなくなるもの、実がたくさんなったり、重い実をつけたりするものは倒れないように支柱を立てて、茎や枝を結びつけます。

② 茎やつるを伸ばして収穫量を増やす
茎やつるを大きく伸ばすのを助け、伸ばした分だけ収穫量を増やします。

野菜づくりの流れ

支柱の立て方

直立式

株のわきにまっすぐに1本支柱を立てる方法。日当たりや風通しに優れています。横方向、斜め方向にも支柱をわたして強度をアップさせるとよいでしょう。

茎と平行に支柱を立てます。

アーチ式

アーチ形をした支柱を立て、横方向にも2本ずつわたして固定します。このまま使ったり、園芸ネットをかけて使ったりします。ネットをかけるときはピンと張ります。

アーチ支柱の接合部には凸凹があるので、同数ずつ用意します。

複数支柱

斜めに複数の支柱を立てて株元でクロスさせる方法。株を広げる野菜に用います。その野菜の枝を何本仕立てにするかによって、斜めに挿す数を2本、4本とすることも。

ひも支柱

畝の四隅と上下に支柱をわたし、上から枝の数だけひもを吊るして枝やつると結びつけます。枝やつるの伸び方を問わないため、多くの野菜に使え、支柱も少なくてすみます。

吊るしたひもの先で株元近くを結び、ひもに枝やつるを絡ませます。

組み合わせ支柱＋ひも支柱　いろいろな野菜に使えて片づけも簡単！

1mおきに支柱を立てる
園芸支柱を株のわきに1mおきに立てます。

ひも支柱を張る
上下にわたした支柱にひもを張っていきます。

支柱を横にわたす
上下に横わたしの支柱を直交させとめます。

作物に合わせた高さに
つるや枝の伸びる高さによって支柱の高さを決めましょう。

フックバンドでとめる
直角に交わるところはフックバンドを使うと素早くとりつけられます。

補強する
両端の支柱を補強するために、斜めにも支柱を2本立てて固定します。

誘引作業

支柱に結びつける

ひもで
麻や木綿などの自然素材のひもで、支柱と枝を結びつけます。生長して枝が太くなることを考えて、ゆるめに。

ワンタッチとめ具で
ゴム製のワンタッチとめ具（写真は「ゴムスビー」／サカタのタネ）もあります。伸縮するので、枝やつるを傷めません。

ひも支柱に誘引する

トマト
自ら巻きつくことができないので誘引を。生長のたびにつる下ろしをして、一定の場所で収穫します。

スナップエンドウ
つるが伸び始める前にひも支柱を張っておきます。自ら巻きつくので、基本的には誘引不要です。

ピーマン
枝ごとに1本ずつひも支柱に絡ませます。ときどき確認して枝が伸びていれば誘引します。

スイカ
つるが伸びたら随時、ひもに絡ませます。実ができたら重みで落ちないよう、果柄をひもで吊ります。

ひもをねじっておく

多くの野菜に役立つひも支柱ですが、ここで使うひもは普通のポリエチレンテープ。そのままで使えないことはありませんが、強風下では縦に裂けやすいので、ひもはねじって使います。ねじることで、強度が増すのにしなやかでピンと張りやすくなります。電動ドライバーの先に目玉クリップを針金で固定し、テープの先を挟んでスイッチを入れれば、ひもがねじれていきます。

テープは必要な長さより2〜3割多めに用意して、端を支柱などに固定してから、クリップに挟むとよいでしょう。

野菜の手入れ

種をまいたり苗を植えつけたあとは、日常的に行う野菜の手入れが必要。
前ページの支柱立てや誘引のほかにも、水やり、追肥、中耕などがあります。

水やり

●種まき後、植えつけ後
水はたっぷり与えます。水分の補給だけではなく、種や根と土を密着させたり、施した肥料を溶け出しやすくする働きがあるからです。

●生育中
過度な水やりは、葉や茎をどんどん生長させてしまい、実つきが悪くなります。ポリフィルムのトンネルでなければ乾燥気味のときに水やりを兼ねた液肥を与えるくらいで十分です。

●夏
強い日差しや晴天が続いているときは、水やりをしましょう。朝夕の涼しいときに行うようにします。液肥を与えるのもよいでしょう。

●冬
冬は防寒のため、マルチやトンネルがけをしていることが多く、水分の蒸発が守られていることが多いもの。明らかな乾燥が見られたら昼間の暖かい時間に水やりを。

●回数
回数にはこだわらなくて大丈夫です。決められた回数よりむしろ、作物をよく見て、水を欲しているかどうかを観察することが大切です。

追肥

●元肥と追肥
土づくりを行うときにあらかじめ施しておくのが元肥、生育中に施すのが追肥です。生育期間が長い野菜や、多肥を好む野菜には、追肥を行わないと肥料切れを起こします。

●施し方
液肥は適切な濃度に水で薄め、ジョウロで水やりをするように施します。葉にもたっぷりかけましょう。ボカシ肥料は比較的速く効き目が現れます。株元から少し離れたところにまくとよいでしょう。

条間に施す
ボカシ肥料は条間や畝間にまき、表土と軽く混ぜ合わせます。水分に触れると微生物が活発になるので、このあと水やりを。

通路に施す
ボカシ肥料は通路にまいても効果的です。根がしだいに遠くまで伸びていくので、通路の土からも吸収されます。

マルチの穴に
マルチをかけているときは、マルチの穴に施します。マルチをめくってまで施さなくても可。

元肥、追肥で施す肥料

有機栽培の畑で使う畑はすべて簡単に手づくりできます。まずヨモギ発酵液をつくっておけば、ほかの肥料づくりにも使えます。

植物活性液（ヨモギ発酵液） →p.28

ヨモギ発酵液は微生物活力剤。これを薄めて使いますが、肥料の材料にも。

ボカシ肥料 →p.29

ボカシ肥料は材料にヨモギ発酵液を混ぜてつくります。

生ゴミ液肥 →p.25

生ゴミ液肥は、台所の生ゴミに、ボカシ肥料を混ぜてつくります。

追肥に

水で薄めて、生育途中の作物にジョウロなどで散布します。

畑に散布 →p.52

ボカシ肥料そのものは元肥、追肥として、畑に散布します。

落ち葉堆肥 →p.26

落ち葉や畑の残さなどを木枠に入れ、ボカシ肥料などを入れてつくります。

元肥に

畑づくりをするときに、畑の土にすき込みます。

授粉の仕方

畑のまわりにハチやアブがいれば、受粉は自然に任せておいて大丈夫。虫の少ない場所、時期、ハウスの中などでは受粉しにくいので、人工授粉をしておくと確実です。人工授粉は、開花したら、雄しべを雌しべにくっつけて行います。

野菜づくりの流れ

中耕・土寄せ・除草

中耕

苗床
苗床で苗をつくるときは、カマなどで雑草を削りながら土をほぐします。

畝
マルチをかけていない畝では、クワやカマなどで除草を兼ねて、土の表面をほぐします。

通路
踏み固められがち。深さ25cmまで掘ります。通路中耕をしておけば畝の中耕回数は減らせます。

土の表面をほぐして通気性をよくする
雨などで固まった土を軽くほぐすことで、土中の通気性や透水性をよくする作業。株や根を傷つけないように行いましょう。

土寄せ

ナガネギ
葉と茎の境目が上がってきたら、隠れるまで土寄せをします。数回行います。

トウモロコシ
マルチをしない場合は、間引き後、生長に応じて行います。倒れるのも防ぎます。

ジャガイモ
芽かきをしたあと、花芽が見え始めたころに株元に土を寄せます。

ラッカセイ
花が咲き始めたら、子房柄が土中に入りやすいよう、株の下に土を寄せます。

サトイモ
子イモを太らせるため、子イモから出た芽を覆うように土を寄せます。

クワを使って周囲の土を株元へ寄せる
株元に土を引き寄せる作業で、イモ類を太らせるときや間引き後、株のぐらつきを抑えるときなどに行います。

除草

中耕を兼ねて
苗が小さいうちは雑草に負けてしまうので、除草を兼ねた中耕をします。

草刈りカマで
草刈りカマで、雑草の地際のところで根を断ち切るようにします。

防草シートで
防草シートも効果があります。雑草を生やしたくないところや、種まき後の保温を兼ねた覆いとしても。

残さを置いて
野菜の残さや刈りとった草を厚めに置いておくと、草が生えにくくなります。

雑草はある程度ならメリットも
株がまだ小さいうちは、草刈りカマで土の表面を削りとります。ただ、適度な雑草は強い日差しを遮るメリットも。

整枝

摘芯

キュウリ

 →

親づる（主枝）が支柱の先を超えたら、つるの先端を摘みとります。

メロン

 →

雌花を充実させて、確実に着果させるため、雌花の先の生長点を摘芯します。

枝や茎の先を摘む

摘芯とは、枝や茎の先を摘みとる作業です。その目的は、トマトやキュウリなどが支柱の先を超えるほど大きくなったときに、それ以上伸びるのを止めることです。ただ、トマトはつる下ろしができるなら、摘芯は不要。また、カボチャや葉菜類のわき芽をたくさん出させて収穫量をアップさせるためです。

芽かき

トマト

 →

ハサミは使わず、清潔な手で。芽をつまんで曲げると簡単に折れます。

ピーマン

 →

高さ40cmくらいになって花が咲くようになったら、わき芽を摘みとります。

わき芽を摘む

トマトやピーマンは、わき芽をどんどん伸ばして育てます。しかし、そのままにしておくと、わき芽が枝になり、管理しきれなくなります。また、日当たりや風通しも悪くなります。そのため、わき芽はこまめに摘みとっておきます。目を離すとあっという間に大きくなってしまうので、日ごろからよくチェックしておきましょう。

野菜づくりの流れ

病害虫 予防と対策

農薬を使わない野菜づくりでは、病害虫にどう立ち向かうかが成功のカギ。
やれる対策を少しずつ積み重ねていきましょう。

🐛 おもな害虫

害虫が作物に飛来して産卵します。
成虫が食害するもの、幼虫が食害するものがあります。

カメムシ

マメ類のサヤに口を刺して汁を吸うと、マメができなくなります。

ヨトウムシ

ヨトウガの幼虫。葉や果実を食害します。

ネキリムシ

夜蛾の幼虫で、茎を地際で食いちぎります。

アブラムシ

新芽、葉、茎、花に集団で寄生。大量発生するのが特徴です。

アワノメイガ

幼虫が葉のつけ根から侵入。おがくず状のふんが見られます。

ウリハムシ

ウリ科の野菜の葉や実に、リング状の食害跡がつけられます。

キアゲハ

ニンジン、パセリ、ミツバなどセリ科の野菜の葉を食害します。

カナブン

トマト、ナス、ハクサイなどを好み、果実を食べ尽くします。

🐛 おもな病気

株が弱まると、病原菌がつきやすくなります。
まずは株を健康に育て、異変を早期発見することが大切です。

うどん粉病

葉が粉をまぶしたように白くなる病気。カビによるものです。

べと病

カビによるもので、湿度が高いとき、葉に多く発生します。

根こぶ病

アブラナ科の野菜によく発生する、根こぶ菌によるもの。

さび病

盛り上がりのある橙色の斑点ができる。低温多雨の夏に多発。

🐛 病害虫対策

病害虫の対策には、まずは寄せつけないこと、そして、見つけたら素早く処置することです。

病害虫 予防と対策

病害虫を寄せつけない工夫

1　抵抗力のある種・苗を使う

特定の病害虫に強い品種や、抵抗力のある苗が市販されています。そのようなものを利用するのも一法です。

種袋には抵抗性のある病名が表記されているので、確認を。

病気に強い台木に接ぎ木された苗も選択肢に。

2　健康に育てる

天然の有用な菌を生かして、悪い病原菌の退治を。ヨモギ発酵液やボカシ肥料にはよい菌が多く含まれています。

栄養豊富なボカシ肥料をまいて、天然の有用菌を増やします。

雨水や泥のはね返りから病原菌が入らないよう、敷きワラを。

3　防虫ネットを使う

種まきをしたり、苗を植えつけたりしたあとは、すぐに防虫ネットのトンネルを。害虫の飛来や侵入を防ぎます。

トンネルをかける手間はかかりますが、その後の管理がラク。

赤色防虫ネットは、色彩作用と細かな網目で虫の侵入を防止。

4　畑をパトロールする

トンネルがけなど対策をしたからといって、安心するのは禁物。こまめに畑を見ることが早期発見につながります。

ふんも虫がいる目印。近辺の土に隠れていることもあります。

葉がかじられていたら、近辺に虫がいるはずです。

病害虫を見かけたら

1　捕殺する

虫を見つけたらすぐにペットボトルに入れてふたをしめると捕殺できます。虫とり用粘着シートも便利です。

2　天敵の力を借りる

無農薬・有機栽培の畑では害虫がいれば、それを捕食する益虫も生きています。天敵の虫に頑張ってもらいましょう。

テントウムシは幼虫も成虫も、畑の害虫を食べてくれます。

🐛 自然農薬を使う

化学薬品でつくられた農薬は使わなくても、自然食品で害虫退治、忌避効果のある自然農薬をつくることができます。

\ べと病、うどん粉病などに /
スギナ汁

べと病やうどん粉病を予防するのがスギナからつくった液です。野菜づくりにやっかいな雑草であるスギナの新芽（できれば早春のやわらかいもの）に黒砂糖をまぶし、発酵させてつくります。これを水で50〜100倍に薄めて散布。予防的に使うほか、病気発生後も被害を最小限に抑えられます。

材料

スギナ、黒砂糖を使います。

つくり方

1 スギナを細かく刻みます。

2 刻んだスギナに黒砂糖をまぶしながら、容器にぎっしり詰めます。

3 重しをのせて不織布などで覆います。

4 2〜3週間たったら、容器の中の液体を抜きとり、ペットボトルに。

\ アブラムシ、ハダニ、ヨトウムシなどに /
タバスコストチュー

仕込み期間がなく、つくったらすぐに使える自然農薬です。木酢液と酢、焼酎、ニンニクの搾り汁（ここではすでに混ぜ合わせたものを使用）、ヨモギ発酵液にタバスコを加えてつくります。噴霧器などの目が詰まらないよう、できた液をこしておくとよいでしょう。必ず200〜500倍に薄めて使います。

材料

左から水、タバスコ、酢とニンニク汁入り焼酎、ヨモギ発酵液、木酢液。

つくり方

1 水を入れた容器にタール分を含まない木酢液50cc程度を入れます。

2 ヨモギ発酵液（p.28）を加えるのもおすすめです。

3 酢とニンニク汁を入れた焼酎を50cc程度入れます。

4 タバスコを数滴入れます。ガーゼでこしてペットボトルに入れて保存。

🐛 コンパニオンプランツを利用する

コンパニオンプランツとは「共栄作物」ともいいます。
一緒に植えることで病害虫被害を抑えられます。ネギ科、キク科の野菜が役立ちます。

ナガネギ

ネギの根に共生する菌が、つる割れ病や青枯れ病などの病原菌を減らす効果があります。

マリーゴールド

マリーゴールドの根には、野菜の根を侵すセンチュウ類を減らす効果があります。

ショウガ

サトイモと一緒に植えると、サトイモの葉陰でよく育ち、サトイモへのスズメガの産卵を防ぎます。

セロリ

セロリの独特な臭いは、一緒に植えている野菜から害虫を遠ざけます。

シュンギク

キク科の野菜は、その臭いが害虫を遠ざけます。特にアブラナ科の野菜に効果を発揮します。

レタス

キク科のレタスはキャベツと一緒に植えると、モンシロチョウがキャベツに産卵しにくくなります。

おもな病害虫とその対策 (時期は目安です。気候や環境によって異なります。)

	名前	野菜	時期	症状	予防・対処法
病気	うどん粉病	キュウリ、カボチャ、メロンなど	5〜10月	茎や葉の表面に白い粉のようなカビが発生。	日当たり、風通しをよくする。スギナ汁や草木灰を散布する。
	べと病	キュウリ、ダイコンなど	4〜9月	葉の表面に淡黄色の斑点ができ、葉裏にはカビが。	泥はねを避けるため、マルチをかける。被害株は早めに抜く。
	つる枯れ病	キュウリ、カボチャ、スイカなど	6〜10月	しおれたり回復をくり返しながら葉やつるが黄化。	降雨中や降雨直後のつる誘引は胞子を飛散させる。被害株は畑外で処分を。
	白さび病	カブ、ダイコン、コマツナ、タアサイ、ミズナなど	4〜6月、9〜11月	初めは葉に白い斑点ができ、その後葉裏に乳白色の盛り上がった斑点ができる。	マルチをかけて泥はねを防ぐ。葉は摘みとって処分する。
	モザイク病	ピーマン、レタス、ジャガイモ、インゲンなど	3〜11月	葉、茎、花、果実にモザイク状の模様ができる。	媒介するアブラムシの飛来を防ぐ。発症した株は処分し、近隣への感染防止を。
	軟腐病	キャベツ、ハクサイ、レタス、タマネギなど	6〜10月	地際の葉が腐って悪臭を放つ。	高畝にして、根、茎、葉を傷つけないように。被害株は畑外にもち出して処分。
	疫病	トマトなど	5〜7月	葉や果実に暗褐色の斑点ができ、株が枯れる。	マルチをかけたり、ビニールなどで雨よけ栽培をする。茂りすぎないように。
	根こぶ病	キャベツ、ハクサイ、カブ、ブロッコリーなど	5〜10月	生育が悪くなり、根に大小のこぶができる。	植えつけ前に土を中和し、水はけをよくする。根こぶが腐敗する前に処分を。
害虫	カメムシ	マメ類、サツマイモ、トウモロコシなど	4〜10月	マメを吸汁し、マメができなくなる。	畑の雑草や落ち葉を片づけて、越冬させない。見つけたらすぐに捕殺する。
	ヨトウムシ	野菜全般	4〜11月	葉の葉脈を残して食い散らかし、ふんを残す。	卵や若齢幼虫のうちに捕殺する。作物を防虫ネットで覆う。
	ナメクジ	野菜全般を食害するが、特にアブラナ科を好む	3〜10月	新芽、若葉、花、果実、落ち葉などを削りとる。	鉢や石の下などに隠れていないか点検する。見つけたらすぐに捕殺する。
	アブラムシ	種類によって被害を与えるものは異なる	3〜11月	植物の汁を吸ったり、ウイルスを伝染させる。	防虫ネットをかけて成虫の飛来を防ぐ。タバスコストチューなどを使う。
	ハダニ	キュウリ、インゲン、サツマイモ、イチゴなど	5〜10月	葉などの汁を吸い、白い斑点ができ、生育不良に。	乾燥を防ぐ。葉裏にも水をかける。被害が小さいうちに被害葉をとり除く。
	ハモグリバエ	トマト、ナス、ハクサイ、ホウレンソウなど	5〜10月	幼虫が葉の中に入り、葉に白いすじを残す。	すじの先にいる幼虫やサナギをつぶす。被害を受けた葉をとり除く。
	ネキリムシ	トマト、ナス、ゴマ、キャベツ	4〜6月、9〜12月	地際の茎が食害され、ひどいと枯れてしまう。	食害された株の周囲を掘り返し、虫(夜蛾の幼虫)を見つけて捕殺する。
	ウリハムシ	キュウリ、カボチャ、ズッキーニ、スイカなど	4〜10月	葉や果実にリング状の食害被害、枯死させる。	防虫トンネルをかける。動きの悪い午前中の間に見つけて捕殺する。
	キアゲハ	ニンジン、ミツバ、パセリなどセリ科の野菜	5〜10月	葉脈を残して、葉を食害する。	卵が孵化する前にとり除く。幼虫は見つけたら捕殺。防虫ネットをかける。
	カブラハバチ	コマツナ、ミズナ、ダイコン、ハクサイなど	4〜6月、10〜11月	特にやわらかい葉を好み、穴をあける。	成虫がアブラナ科の野菜に飛来しないように注意。防虫トンネルをかける。
	アワノメイガ	トウモロコシ、ショウガなど	7〜8月	実や花に潜り込んで、食い荒らす。	幼虫を見つけたら捕殺する。被害を受けた株は畑の外で処分する。
	センチュウ	多種おり、ほとんどの野菜が被害を受ける	3〜11月	根にこぶをつくったり、根腐れを起こしたりする。	そばにマリーゴールドを植える。被害を受けた株は畑の外で処分する。

PART 2

野菜を育てる

ここからは人気の野菜の育て方について、詳しく見ていきます。それぞれの野菜について、畑づくりから収穫までの手順や方法のほか、ラクにたくさん収穫するためのアイデアも掲載しています。

※天候やお住まいの地域、野菜の状態によって作業が前後することも。目安としてご利用ください。

| 果菜類 | ナス科 | ★★☆ |

トマト
tomato

🌱 **初心者におすすめの品種**
豊作祈願（トキタ種苗）、アイコ（サカタのタネ）

🌱 **バリエーションを楽しめる品種**
アロイ（野口のタネ）、トマトベリーガーデン（トキタ種苗）

多く / 少なめ / 弱い / 多い / 苗で / ふつう / 中和

栽培のポイント
・摘芯をしなければ、秋まで収穫が可能。
・確実に着果させるためには授粉をする。
・実が雨に当たると裂果するので雨よけ対策を。

栽培スケジュール
■育苗　■植えつけ　■収穫

1	2	3	4	5	6	7	8	9	10	11	12
	育苗	育苗	育苗/植えつけ		収穫	収穫	収穫	収穫			

気をつけたい害虫
アブラムシ、ハダニ、ヨトウムシ、オオタバコガ

基本的な植え方
畝の幅：70cm
高さ：10cm
株間：30cm

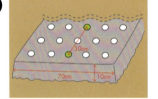

よくある失敗を防ぐコツ

実が割れる

→

コツ❶
雨よけをつける
トマトは雨に弱いので、実が大きくなり始めたら簡単なものでいいので、雨よけをつけておきましょう。

コツ❷
ワラでマルチをかける
乾燥が続いたあとの大雨など、振れ幅が極端になっても実割れを起こしがち。株元にワラなどをかけておくと安心です。

① 畑づくり

堆肥と元肥をたっぷり入れて、水はけがよくなるよい畝を用意します。

長期間収穫するため、たっぷり元肥を施すことが大切です。畝を立てる場所の中央になる位置に溝を掘って堆肥を入れ、平らにしたあとに草木灰、ボカシをふって表面の土を混ぜ、畝を立てます。

溝を掘って堆肥を入れる
畝にする場所の中央に幅30cm、深さ30cmの溝を掘って、堆肥を入れます。

肥料を施す
溝を埋めて平らにし、草木灰（1㎡あたりひと握り）とボカシ（同500g）をまき、表土を混ぜ合わせます。

畝を立てる
図の大きさに畝を立てます。形を整えたら、最後に畝の表面をレーキでたたき、ならします。

② 苗選び

初めてのときは、できるだけよい苗を選んで植えることが成功への近道です。

健康で力強い苗を選ぶことで病害虫をはね返し、順調に苗が育ち、たくさんの実を結ぶことにつながります。下のイラストを参考に、苗を選んでみましょう。市販の苗は通常、4月ごろから出始めます。

よい苗

❶本葉が4～5枚以上ある ❷葉の色が濃い ❸茎が太くまっすぐ伸びている ❹1段めの花が咲いている ❺虫がついていない ❻根が根鉢全体に回っている

よい根鉢
全体にこのように根が回っているものを。びっしり回りすぎているものは生育がよくありません。

果菜類

トマト

③ 植えつけ

一段めの花が咲いたら植えつけの適期。晴れた日の午前中に植えましょう。

植え穴に液肥を注ぎ、苗をポットから出して植え穴に入れます。花房の向きを通路側に揃えて植えると、実が通路側に向いてなるため、世話や収穫がしやすくなります。

苗をポットから出す
植えつける苗をポットごと定位置の上に並べ、逆さまにしてポットから苗をはずします。

苗を植えつける
根鉢は崩さずに植え穴に入れ、根鉢を包み込むように周囲の土を寄せます。

こんな苗の植え方も

野菜づくりに慣れてきたら、畑の状況に応じて以下のような植え方をしてもよいでしょう。苗を寝かせて植えることで土に埋まった茎から根がたくさん出て、丈夫に育ちます。接ぎ木苗ではない場合に行います。

1

2

斜め植え
根鉢と茎を埋める植え穴を掘り、上のほうの葉を3〜4枚残した苗を入れ、土をかけて押さえます。

混植で苗を保護する
トマトの苗が小さいうちは、レタスが保護。トマトが大きくなるころには、レタスは収穫します。

④ トンネルをかける

根がしっかり根づくまでは防虫ネットでトンネルをかけて、苗を守ります。

苗を植えつけてから1〜2週間、強風や害虫から苗を守るため、防虫ネットでトンネルがけをしておきます。支柱を立てるときにトンネルははずします。

ネットをかぶせる
トンネル支柱は約1m間隔で立てて、その上からネットをかぶせます。

ネットを押さえる
ネットの両わきをねじって絞り、40〜50cmのヘアピン杭で固定します。

⑤ 支柱を立てる

苗がしっかり根づいたら支柱を立てます。一般の支柱のほか、ひも支柱も便利。

トンネルをはずし、支柱を立てます。棒の支柱のほか、ひも支柱（p.49）でも。棒の支柱の場合はこのあと摘芯（p.68）をして一本仕立てにしますが、ひも支柱なら収穫量の多い数本仕立ても可能です。

園芸用支柱を使う場合
太さ19mm、長さ2.4mの支柱を1株に1本ずつ挿します。溝を掘った深さ30cmまですんなり入ります。

ひも支柱を使う場合
横にわたした支柱からひもを吊るし、苗の茎に軽く結びつけます。

COLUMN　コツ❷

敷きワラをして夏の乾燥を防ぐ

この時期から日差しによる乾燥が心配。マルチを使用していてもワラを株元に敷いて保湿をするとよいでしょう。地温上昇も抑えます。

⑥ 誘引

支柱を立てたら、茎を誘引します。ひもを使うときは、結び目をゆるめに。

苗が伸びてきたら、茎を支柱に誘引する必要があります。生長に合わせて、約30cmごとに支柱と茎を固定します。

支柱にひもで結びつける場合
支柱にひもをかけて結び目をつくり、大きめの輪の中に茎を入れて、固結びをします。

ゴムの留め具を使う場合
市販されているワンタッチ留め具（p.51）を使えば、簡単に茎と支柱をとめることができます。

ひも支柱を使う場合
吊るしたひも支柱に株の先をS字状に絡ませます。この場合も30cmごとにひも支柱に絡ませていきます。

⑦ わき芽かき

主枝と葉のつけ根の部分から出てくるわき芽を摘みとります。

野菜づくりに慣れないうちは、主枝1本を上に伸ばしていく方法が管理しやすいでしょう。次々と出てくるわき芽を放っておくとそれも太い枝となり、収拾がつかなくなります。早めに見つけて摘みとりましょう。

指でつまんでとる
ハサミを使うとウイルス感染のおそれがあるため、わき芽は指でつまんで曲げ、ポキッととります。

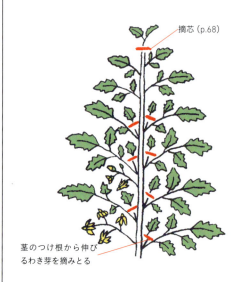

摘芯（p.68）

茎のつけ根から伸びるわき芽を摘みとる

⑧ 授粉

虫があまりいないような場所では人工授粉をして、確実に着果させましょう。

着果を助ける方法として成長ホルモン剤を散布する方法も見受けられますが、受粉を助けることでその代わりは果たせます。100円ショップで入手できる安価の電動歯ブラシで、簡単に人工授粉を。

振動で花粉が出て雌しべにかかる
電動歯ブラシのスイッチを入れて、花の後ろに軽く当てると勢いよく花粉が出ます。すべての花に行います。

COLUMN
雨をよけて実割れを防ぐ

コツ❶

トマトの実は雨に当たると実割れを起こしやすくなります。園芸用支柱とビニールで簡単な雨よけをつくっておくと安心。ホームセンターやネットで「雨よけセット」も購入できます。

⑨ 摘果

極端に小さい実や病気になりかかった実は摘んでおきましょう。

家庭菜園の場合、基本的に摘果は必要ありません。ただ、極端に小さい実や病気になりかかった実、虫に食われている実は早めに摘んでおくと、ほかの実の生長を妨げません。

極端に小さい実は摘んでおく
左の写真のミニトマトでは、矢印の実は大きくならないと予想されます。このような実は摘んでおきましょう。

COLUMN
病気に強い品種を育てよう

豊作祈願
家庭菜園用としては、日本初の病気耐性に優れたもので、黄化葉巻病(おうかはまき)に強い大玉品種です。

アロイトマト
自家採種ができる品種なので、同じ土地で世代交代をさせることで、土地の環境に合った強いトマトに。

果菜類

トマト

⑩ 追肥・除草・中耕

大きく実らせ、病害虫を遠ざけるために必要です。

実の収穫までボカシや液肥（ここではヨモギ発酵液＋生ゴミ液肥）を定期的に施します。ボカシは月に一度ぐらい、液肥は3〜4日に一度くらいが目安です。雑草は大きくなる前にカマなどでとり除いておきます。

追肥をする
ボカシは1株あたりひと握りを株元にまきます。液肥は適切に薄め、株の上からジョウロでまきましょう。

除草・中耕をする
敷きワラを敷いている部分に草は生えにくいですが、その分、通路に生えやすいので定期的に除草を兼ねた中耕をします。

⑪ 摘芯

主枝が支柱の先まで伸びたら、先を摘んで生長を止め、実の充実をはかります。

棒の支柱使用の場合は主枝が支柱の先端まで伸びたら、ひも支柱使用の場合は主枝が目の高さまで伸びたら、主枝の先を摘みとります。ミニトマトや中玉トマトで複数の枝を管理できる場合はしなくてもOK。

主枝の先端を摘みとる
いちばん上にある花房の上にある葉を1〜2枚残して主枝の先端を手で摘みとります。摘芯したところが不安定な場合は、主枝の先を支柱に軽くとめておくとよいでしょう。

⑫ 病害虫対策

多湿に弱いトマトは病気が出やすいもの。虫害も多いので対策が必要です。

病害虫に強い品種も多く出回るようになりましたが、露地植えの場合は対策が欠かせません。畑をまめにチェックして、病気や虫害が広がってしまったときは株ごと抜いて処分を。

黄化葉巻病（おうかはまきびょう）
葉が黄色になり、内側に巻き込んでいく病気。

疫病
温度が高いと出やすい。発病したら抜きとる。

乱形果
株の勢いが強すぎて花に奇形をもたらし、実も変形。

カナブン被害
成虫は実の汁を吸う。トマトはカナブンの大好物。

オオタバコガ被害
ナス科の野菜につき、実を食害する。幼虫の駆除を。

実の中にもぐって食害し、食べ終えると次の実へ。

⑬ 収穫

真っ赤に完熟したものから順に、ハサミで切って収穫します。

開花後40〜65日たつと収穫の時期を迎えます。へたの下まで十分赤くなってから収穫します。とり遅れると実が割れたり、落ちたりするので時期を逃さずに。摘芯をしなければ10月ごろまで収穫が可能です。

ハサミで切って収穫する
写真の位置にハサミを入れて切ります。長めに切ってしまったときはほかの実を傷つけないよう、短く切ります。

離層部につめを当ててとる
トマト、ミニトマトは、離層部（写真内矢印）につめを当てて折り曲げても、簡単にとれます。

果菜類　トマト

教えましょう！

ラクして大収穫できるアイデア
【トマト編】

Idea-1 摘んだわき芽を苗にする

わき芽をとる
摘んだところからのウイルス感染を防ぐため、手を洗ってからわき芽をとります。

とったわき芽をポットに挿す
とったわき芽は発根しやすいので、育苗用の土を入れたポットに斜めに挿しておきましょう。傷んだ苗や枯れた苗の代わりの予備苗として重宝します。

⚑ 初心者でもカンタン！　混植リレー栽培術

4月の畑

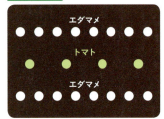

エダマメ / トマト / エダマメ

畝の中央にトマトを30cm間隔で植え、両肩に早生エダマメを15cm間隔で栽培します。トマトが大きくなるころにはエダマメは収穫が終わります。

9月の畑

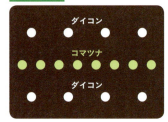

ダイコン / コマツナ / ダイコン

トマトも秋まで栽培できますが、狭い菜園では打ち切って秋野菜を栽培することが多く、例えばダイコンを30cm間隔でまいて大きくなるまでにその間でコマツナなどが収穫できます。

Idea-2 ひも支柱で多段どりをする

摘芯しなければ、いつまでも伸び続ける

摘芯をせずにつるを伸ばしていくと、秋まで実をならせます。この方法で大玉トマトなら16〜17段、ミニトマトなら20段の収穫も可能。野菜づくりに慣れたらぜひお試しを。

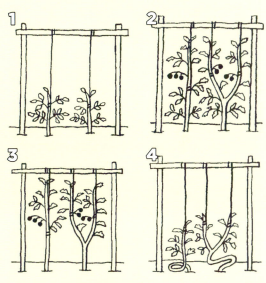

つる下ろしをくり返す

つるが上まで伸びたら下葉を摘みとり、支柱に結びつけたひもを伸ばして株を下ろし、下部のつるを地面に巻いて置き、ひもをつるの先端に結び直すことをくり返します。

果菜類

トマト

COLUMN
初冬まで収穫する

トマトは通常、9月いっぱいで収穫を終えますが、畑のスペースに余裕があれば、初冬まで収穫することは可能です。霜に当たると枯れてしまうので、霜対策は必要です。冬野菜が育つ畑でトマトを色づかせるのも、楽しいものです。

11月18日の様子。株ごとポリフィルムで覆いました。中では大玉トマトも色づいています。

11月23日の様子。ミニトマトは次々と花を咲かせています。加温なしで12月初旬まで収穫できました。

| 果菜類 | ナス科 | ★★☆ |

ナス
eggplant

🌱 **初心者におすすめの品種**
千両2号（タキイ種苗）、イタリアンナス（自家採種）

🌱 **バリエーションを楽しめる品種**
太郎早生（みかど協和）、白ナス（自家採種）

☀️多く　💧多め　🌧️強い　🪴多い　🌱苗で　🐛弱い　🛠️中和

栽培のポイント
・品種が豊富。珍しいものは種から育苗する。
・主枝1本、わき芽（側枝）2本の3本仕立てにする。
・真夏に枝を刈り込むと、秋ナスが収穫できる。

栽培スケジュール
■育苗　■植えつけ　■収穫

1	2	3	4	5	6	7	8	9	10	11	12
	■	■	■	■							
				■							
					■	■	■	■	■		

気をつけたい害虫
アブラムシ、ハダニ、ヨトウムシ

基本的な植え方

畝の幅：70cm
高さ：10cm
株間：30cm

🍆 よくある失敗を防ぐコツ

あまり実がならない

➡️

コツ❶ 植えつけ後、保湿を心がける
敷きワラをするなどして、初夏の強い日差しから株元を守るようにしましょう。

コツ❷ 水切れ、肥料切れに注意する
ナスは肥料を好みます。次々と実をならせるためには、施肥と水やりを兼ねて数日おきくらいに、液肥を与えるとよいでしょう。

① 畑づくり

トマトと同様、ナスも長期間収穫し続けるので、元肥をたっぷりと施します。

畝を立てる予定の場所の中央に溝を掘って堆肥を入れ、平らにしたら草木灰とボカシをまいて、表土をよく混ぜ合わせます。畝は高めに仕立て、水はけをよくしましょう。

溝に堆肥を入れる
幅30cm、深さ30cmの溝を掘り、堆肥をたっぷり入れ、土を戻して平らにします。

肥料を入れて畝を整える
草木灰、ボカシをまき、レーキで表土を混ぜ合わせ、図のように畝を立てます。

② 植えつけ

ナスは寒さが苦手なので、遅霜の心配がなくなってから植えつけます。

5月に入ってから植える場合、遅霜の心配はないものの地温が上がりやすいため、マルチをかけておくと安心。ナスは枝を大きく広げて育つため、株間はゆったりととって植えます。

畝にマルチをかける
整えた畝にマルチをかけ、穴あきマルチでなければ、植えるところに図の間隔で穴をあけます。

苗を植える
ポットから苗を出して、穴の中に入れます。

土をかけて押さえる
周囲の土を寄せて株元にかぶせ、指先で軽く押さえます。

③ 温度対策と防虫

気温が上下しやすい時期なので、防虫を兼ねてトンネルで温度管理をします。

植えた苗がしっかり根づくまでは強風や害虫、不安定な気温などから守るため、防虫ネットのトンネルをかけておきます。1〜2週間が目安です。この手間を惜しまないことで強い苗に育ちます。

トンネルをかける
トンネル支柱を約1mの間隔で挿し、上から防虫ネットをかけます。両わきを絞ってヘアピン杭でとめます。

コツ❶

ワラを敷く
ワラが手元にある場合は、畝にマルチをかけずに、苗を植えつけてから株元にワラを敷いておいてもよいでしょう。

④ 支柱立て・誘引

苗が育ってきたらトンネルをはずし、支柱を立てて茎を誘引します。

最初の花が咲き始めたら支柱を立てるタイミング。園芸用支柱を主枝と側枝に沿うように立てます。ひも支柱を利用する方法 (p.77) もあります。支柱を立てたら、茎と支柱をとめておきましょう。

主枝に沿うように立てる
主枝のそばに長さ1.8mの園芸用支柱を30cmの深さまで挿します。

側枝に沿うように支柱を立てる
側枝に沿うように斜めに支柱を挿します。

誘引する
トマトと同様に (p.66)、ひもやゴムのとめ具で、茎と支柱をとめます。

⑤ わき芽かき

放っておくとわき芽がどんどん出てくるので主枝と側枝2本にします。

わき芽がたくさん出て混み合ってしまうと日当たりが悪くなり、実の生育が悪くなるばかりか、病気や虫も発生しやすくなります。そこで主枝と側枝2本以外はすべて摘みとります。

一番花の上下の枝だけ残す
一番先に咲いた花のすぐ上とすぐ下の枝を残し、その下のわき芽はすべて摘みとります。

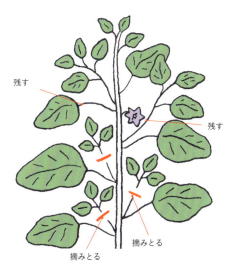

⑥ 追肥・除草・中耕

ナスは大きな実を次々とならし続けるため、水と肥料がたっぷり必要です。

追肥は水やりを兼ねた液肥を数日おきに、ボカシを2週間に一度与えるようにしましょう。花の様子から水や肥料に過不足がないかを確認できます。除草を兼ねた中耕は雑草が大きくなる前に早めに行いましょう。

液肥は水分補給にも
適切に薄めた液肥は水分補給になります。ボカシは、株間にひとつかみずつまきましょう。

花の様子で生育状況がわかる
生育が良好な花は雌しべが突き出しています。雄しべが長いときは水・肥料が不足しています。写真は成育良好なもの。

通路中耕を
マルチやワラで覆われている部分は雑草が生えにくいですが、通路の除草はこまめにしておきます。

果菜類　ナス

7 収穫

ナスは大きくなりすぎると種が硬くなるので早めに収穫します。

一番最初になったナスは小さいうちに収穫して、株を弱らせないようにします。二番果以降は、開花から20〜25日くらいのほどよい大きさになったものから、ハサミでへたの上を切って収穫していきます。

一番果は小さいうちに収穫する

一番果は写真のように、まだ小さいうちに収穫し、株の勢いを弱らせないようにします。

未熟果のうちに収穫する

中長種なら長さ10cmくらいになれば収穫が可能。早めにとることで、より多く実をならせることができます。

COLUMN　ナスの採種

冷蔵庫で保存しよう

追熟させてしわが入ったら、実を切ります。

水の中でほぐして、種をとり出します。

水を何度かえこし、ペーパーの上で天日乾燥後、保存を。

8 更新剪定

盛夏になると実が硬くなり、実も少なくなるので枝を切って休ませます。

実のなりが一段落してきたら枝を3分の1くらい切り詰めて休ませ(更新剪定)ておくと、1カ月後にはおいしい秋ナスがなります。株が弱っているようなときは、思い切って2分の1くらい切り詰めましょう。

葉のつけ根の上で切る

下のイラストのように、葉のつけ根の上で切ります。株が弱っているときは、葉を1〜2枚残す程度に。

剪定後は追肥を

枝を切り詰めたあとは、1株につきボカシをひとつかみまいておきましょう。

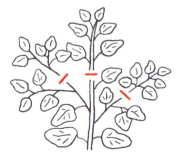

状態に合わせて3分の1から2分の1ほど切り詰めます。

教えましょう！

ラクして大収穫できるアイデア
【ナス編】

Idea-1 人工授粉で確実に着果させる

電動歯ブラシ授粉を
ナスは人工授粉が必須ではありませんが、トマトと同様に受粉を助けてあげると着果率がよくなります。

Idea-2 ひも支柱を活用する

誘引の手間が省けてのびのび育つ
上から垂らしたひも支柱を利用すると、何本も支柱を立てる手間が省け、誘引もラク。株もゆったり育てられます。

果菜類

ナス

初心者でもカンタン！ 混植リレー栽培術

4月の畑

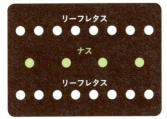

リーフレタス / ナス / リーフレタス

ナスは中央に30cm間隔で植えますが、すぐには大きくならないので畝の両肩でリーフレタスが栽培できます。

9月の畑

ダイコン / ナス / ダイコン

ナスは秋まで栽培を続け、畝はそのまま耕さずに両肩にダイコンを30cm間隔でまくと、意外と形のよいダイコンがとれます。

| 果菜類 | ウリ科 | ★★☆ |

キュウリ
cucumber

初心者におすすめの品種
フリーダム（サカタのタネ）、夏すずみ（タキイ種苗）

バリエーションを楽しめる品種
長華2号（みかど協和）、相模半白（野口のタネ）

栽培のポイント
・梅雨どきに病原菌を広めないよう、雨のはね返りに注意を。
・伸びてきたつるや茎をしっかり誘引する。

栽培スケジュール
育苗　植えつけ　収穫

1	2	3	4	5	6	7	8	9	10	11	12

気をつけたい害虫
アブラムシ、ハダニ、ウリハムシ、カメムシ

基本的な植え方
畝の幅：70cm
高さ：10cm
株間：30cm

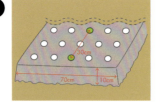

よくある失敗を防ぐコツ

実が曲がってしまう

→

コツ①

カメムシに吸汁させない
カメムシが実の汁を吸ってしまうと、実の奇形をもたらします。カメムシは見つけ次第捕殺しましょう。

コツ②

十分に水やりをする
水分や栄養が足りなくなると、実が曲がってきます。実がつき始めたら、水やりを兼ねて液肥の追肥を行いましょう。

① 畑づくり

肥えた土を好むので、堆肥と肥料はたっぷり入れておきましょう。

トマトやナスと同様、畝をつくる場所の中央に幅30cm深さ30cmの溝を掘って堆肥を入れ、土を戻して平らにします。そこへ肥料を入れてすき込み、図のように畝を立てます。

元肥を入れる
草木灰とボカシをまいて表土とよく混ぜ合わせます。

畝を立てる
キュウリは水はけのよい土地を好むので、水はけが心配な場合は高めの畝を立てましょう。

② 植えつけ

5月の連休前後が植えつけ適期。風のない穏やかな日の午前中に行いましょう。

図の間隔で株間をあけ、植え穴には適切に薄めた液肥（ここではヨモギ発酵液）を注ぎ入れておきます。ポットから苗を出したら根鉢を崩さずに植え穴に入れ、軽く押さえます。

植え穴に入れる
植え穴はやや浅めに掘り、苗を植えつけます。

植えつけ後は水をたっぷりと
苗を植えつけたら、ジョウロで水をたっぷり与えておきましょう。

COLUMN
病気に強い接ぎ木苗を

貸し農園など前年の土壌状況が不明なときは、病気に強い接ぎ木苗がおすすめです。

果菜類 キュウリ

③ トンネルがけ・敷きワラ

根がしっかり根づくまでは防風・防虫のためにトンネルがけをしましょう。

苗が小さいうちにウリハムシなどの虫害にあうと、その後の生育に影響が出てきます。こうした虫害や強い風で倒れるのを防ぐため、植えつけ後1〜2週間は防虫ネットのトンネルをかけておきます。

トンネルをかける
約1mおきにトンネル用支柱を立て、上からネットをかぶせます。

うどん粉病予防に敷きワラを
土が乾燥するとうどん粉病が発生しやすくなります。予防には株元に敷きワラを。

④ 支柱立て・誘引

実がたくさんなると、その重さはかなりのもの。茎を支える支柱を立てます。

根づいたらトンネルをはずし、支柱を立てます。株の両側に支柱を立て、間に園芸用ネットを張ってつるを誘引してもよいでしょう。ハウスなどすでに骨組があるときはひも支柱を吊るしても。

支柱を立てる
立て方にはいろいろな方法がありますが、伸びたつるが必ず巻きつけるようにし、つると支柱を固定します。

ひも支柱を使う
ひもを吊るすことができる場所なら、吊るしたひもにつるが絡まるように誘引します。

⑤ 整枝

生長が早く、子づる、孫づるが出てきて葉が混み合うため、整枝をします。

株が茂りすぎず、実に栄養をきちんと届けるため、根元から数えて5節までの間に出た子づる（わき芽）や花芽はすべて摘みとります。こうすることで株元の風通しがよくなり、病気になりにくくします。

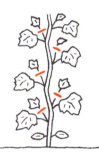

わき芽かき（下枝かき）
株元から5節までのわき芽は、イラストのようにすべて摘みとります。

株元の風通しをよくする
下枝かきをすると、写真のように株元がすっきりして、風通しがよくなります。

COLUMN　キュウリの雄花と雌花

雄花。ガクの部分にふくらみがありません。

雌花。ガクの部分にふくらみが見られます。

⑥ 追肥

実をつけ始めるとどんどんなるので、肥料切れを起こさないよう、追肥をします。

植えつけから1カ月で実をつけ始めます。以降はどんどん実がついて大きくなってくるため、追肥が必要になります。数日おきに液肥（ここではヨモギ発酵液と生ゴミ液肥）を薄めてまきましょう。

液肥を株元にかける
適切に薄めた液肥を株の根元にジョウロでかけます。曲がったものや形の悪いものになるのは肥料切れが原因です。

葉にもかける
液肥は葉面にもかけておきましょう。液肥は水分補給にもなります。

7 摘芯

親づるが支柱の上まで伸びたら摘芯をして、子づるについた実の収穫をします。

生長力が旺盛で、追肥をすれば次々に収穫が楽しめるキュウリ。親づるが支柱の先を超えてきたら、先端を摘みとって（摘芯）生長を止め、そこからは子づる、孫づるを横に伸ばして実の収穫を楽しみましょう。

親づるを摘芯する
親づる（主枝）が支柱の最上部に達したら摘芯をして、それ以上伸びないようにします。

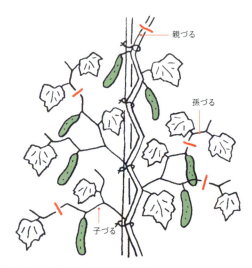

子づる、孫づるも着果後摘芯を
子づる、孫づるを横に誘引して伸ばし、雌花が1〜2個実になったところで摘芯をします。

8 収穫

三番果までは実が小さいうちにとり、株を疲れさせないようにします。

生長が早く、「まだ先だろう」と思っていたらあっという間に大きくなりすぎていた、ということがしばしば起こります。早め早めに収穫して、食味のよいうちに食べましょう。実をつけたままでは株が消耗します。

初なりの実は早めにとる
一番果、二番果、三番果は小さいうちに収穫し、株の負担を少なくします。

長さ20cmくらいで収穫
実は長さ20cmくらいで収穫を。早めにとっていくことで株の消耗を防ぎ、多収に。

\教えましょう!/

ラクして大収穫できるアイデア
【キュウリ編】

Idea-1 種とりをする

1株でたくさんなるからこその楽しみ

多収のキュウリだから楽しめる多品種栽培。家庭菜園でも育てやすい品種が多く揃っています。

1 固定種（p.90）は果実が橙色に完熟したら、果実を割ります。

2 中のワタごと種をとり出し、水に入れます。

3 ワタや未熟な種は捨て、水に沈んだ種をとります。

4 キッチンペーパーに広げて、乾燥させます。

Idea-2 うどん粉病予防にはスギナ汁を

病気の発生を遅らせる

葉の表面に白いカビを繁殖させるうどん粉病は光合成を妨げます。スギナ汁（p.58）を葉にかけておきましょう。

スギナ汁のつくり方は簡単。50〜100倍に薄めて、葉に散布します。

うどん粉病

葉が白い粉をふいたようになります。発生後の散布でも効果があります。

べと病

葉に褐色の斑点ができてべとつく病気。この病気予防にもスギナ汁を。

果菜類

キュウリ

🏁 初心者でもカンタン！ 混植リレー栽培術

4月の畑

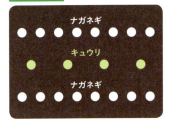

ナガネギ / キュウリ / ナガネギ

キュウリは畝の中央に30cm間隔で植え、支柱に誘引します。ナガネギを落とし植えしておくとキュウリなどウリ科のつる割れ病予防になります（コンパニオンプランツ）。

9月の畑

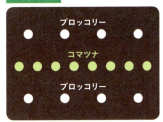

ブロッコリー / コマツナ / ブロッコリー

キュウリ、ナガネギは夏で栽培を終え、秋はそのままの畝にブロッコリーなどを30cm間隔で。ブロッコリーはすぐに大きくならないので、その間中央に15cm間隔でコマツナができます。

| 果菜類 | ナス科 | ★★☆ |

ピーマン
シシトウ・パプリカ
sweet pepper, paprika

初心者におすすめの品種
下総2号（みかど協和）、甘なが娘（みかど協和）

バリエーションを楽しめる品種
役満甘長（トキタ種苗）、ソニアミックス（サカタのタネ）

多く／多め／強い／多い／苗で／ふつう／中和

栽培のポイント
・遅霜の心配がなくなってから苗を植える。
・こまめにわき芽かきをして風通しをよくする。
・収穫が始まったら追肥をする。

栽培スケジュール
■育苗　■植えつけ　■収穫

1	2	3	4	5	6	7	8	9	10	11	12
		育苗	育苗	植えつけ	収穫	収穫	収穫	収穫	収穫		

気をつけたい害虫
アブラムシ、ハダニ、ヨトウムシ、カメムシ

基本的な植え方
畝の幅：70cm
高さ：10cm
株間：30cm

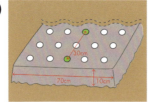

よくある失敗を防ぐコツ

花が落ちてしまい、実にならない

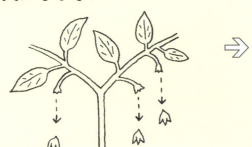

→

コツ 1

追肥をする

露地栽培の場合、肥料が雨で流れてしまうことがあるので、花が落ちているようなら肥料切れのおそれも。追肥を施しましょう。

コツ 2

若どりをする

実がたくさんついていて、続く花に栄養が回らないのかもしれません。なっている実は若どりをしていきましょう。

① 畑づくり

栽培期間、収穫期間が長いため、元肥をたっぷり入れた水はけのよい畑を。

トマトやナスと同様に畝の準備をします。溝を掘って堆肥を入れ、土を戻して平らにしたあと、草木灰、ボカシをまいて表土を混ぜ合わせます。図のように畝を立てておきます。

堆肥をたっぷり入れて通気性のよい土に
市販あるいは自作の堆肥以外にも、刈りとった雑草や収穫した野菜の残さなどを入れてもOKです。

ワラがないときはマルチをかけておく
植えつけ後に、株元が乾燥しないようワラを敷いておきますが、ワラがないときはあらかじめマルチがけを。

② 植えつけ

植え穴に液肥を注ぎ、浅めに植えて根張りをよくします。

遅霜の心配がなくなる5月の連休前後に植えつけます。液肥を注いだ植え穴にポットから出した苗を浅めに植えます。植えつけ後の1〜2週間、トマトなどと同様に防虫ネットのトンネルをかけても。

浅めに植える
長く収穫を続けるには、元気な株を育てることが大切です。浅植えをすることで根がしっかり広がり、力のある株に。

ワラを敷く
植えつけ後は初夏の日光が照りつけます。株元が乾燥しないように敷きワラを。雑草予防にもなります。

果菜類

ピーマン・シシトウ・パプリカ

3 支柱立て・誘引

植えつけて1〜2週間たったころ、苗がしっかり根づいたら、支柱を立てます。

ピーマンの場合、必ずしも1株に1本の支柱を立てなくてもよいでしょう。両わきに支柱を立て、上下に支柱をわたして固定し、上の支柱からひもを垂らし、それをひも支柱として使う方法が手軽です。

横にわたした支柱に
横にわたした支柱にそれぞれの株の茎をひもでゆるめに結びつけます。

ひも支柱に誘引する
上からひもを垂らすことができる場合は、ひも支柱に誘引を。トマトと同様、長期間対応できます。

1株ずつ支柱を立てる
1〜2株程度の場合は、1株ずつ支柱を。まず主枝に沿って1本立て、整枝後に斜め方向に立てます。

4 わき芽かき

株を大きく育てるため、初めのうちはわき芽をこまめにとっておきます。

株が高さ40cmくらいになると花が咲き始めます。次々にわき芽も出てくるので、ナスと同様に主枝と側枝2本以外の不要なわき芽は摘みとり、日当たり、風通しをよくしておきます。

一番花を目安に
一番花が開き始めたら、そのすぐ下にある勢いのよいわき芽を2本と主枝を残し、それ以外のわき芽はとり除きます。

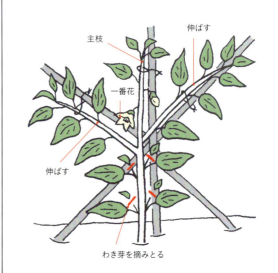

⑤ 追肥

支柱を立てたら追肥を始めます。生長力が旺盛な分、肥料切れは避けたいもの。

支柱を立ててからは適切に薄めた液肥（ここではヨモギ発酵液と生ゴミ液肥）を数日おきに与えます。実の収穫が始まったら2週間に一度、ボカシをひとつかみずつ株間にまいておきます。

コツ ❶

ジョウロで液肥をまく
即効性のある液肥は数日おきにジョウロでまきます。

株間にボカシをまく
効き目が緩やかなボカシは2週間に一度、株間にひとつかみずつまきます。

COLUMN
カメムシはどんどん捕殺する
ピーマンによくつく害虫がカメムシ。つかまえたらすぐペットボトルに入れて捕殺します。

⑥ 除草・中耕

株間や通路を中耕して土をほぐして通気性をよくし、除草も行います。

ワラを敷いている部分は草が生えにくいのですが、ワラがかかっていない部分や通路などは除草を兼ねた中耕を行いましょう。草が大きくならないタイミングで行うことが大切です。

雑草が大きくなる前に除草・中耕する
レーキなどを使って、雑草をとりながら株間や通路を軽く耕します。

COLUMN
ピーマンの苗

ピーマン、シシトウの苗づくりは時間がかかり、温度管理が難しいもの。野菜づくりに慣れてきたらチャレンジしてみましょう。

種から苗を育てる場合は地温25℃を保ちます。発芽した苗は根元で切って500倍に薄めたヨモギ発酵液にしばらく浸し、挿し木にして育苗します。植えつけまでに常温に慣らします。

果菜類 ピーマン・シシトウ・パプリカ

⑦ 収穫

コツ❷ 早いうちなったものは若どりし、それ以降はとり遅れないようにします。

実がつき始めるとどんどん開花、結実していきます。表面がつややかになったら収穫適期。ハサミで切りとります。収穫のたびに細いわき芽をとり除いていくと実つきがよくなります。収穫中も追肥を続けます。

ピーマン
光沢がよくなったら、実のつけ根をハサミで切って収穫します。

パプリカ
赤く色づいてから収穫します。色づくまでに時間がかかるので、樹勢が落ちているときは色づく前でも収穫を。

シシトウ
開花から15日程度で収穫できます。とり遅れると硬くなってしまいます。

シシトウ・パプリカを育てるときの注意点

シシトウ・パプリカの育て方は基本的にピーマンと同じですが、以下に注意を。

シシトウ・パプリカはピーマンと同じように育てますが、栽培期間の違いや品種の特性から注意しておきたいことがあります。以下のことを頭において、育ててみてください。

シシトウ
辛みが出ないよう追肥を
水不足、肥料不足になると辛みが強くなる傾向があります。極辛を避けたい場合は、水切れ、肥料切れに注意しましょう。

パプリカ
風通しをよくする
色づきを待つぶん、収穫までに時間がかかります。葉が混み合っていると蒸して病害虫が発生しやすくなるので、茂りすぎないようにします。

ラクして大収穫できるアイデア
【ピーマン編】

Idea-1 ニンジンと混植する

ニンジンが防寒になる

秋に種をまいたニンジンの葉が茂り始める時期がピーマンの植えつけ期。ニンジンの間に植えれば、ピーマンの苗を寒さから守ってくれます。

ニンジンの葉が茂ったころ、ニンジンの株間にピーマンを植えます。

ニンジンの収穫が終わったころから、ピーマンがどんどん大きくなっていきます。

Idea-2 ひも支柱で大きく育ててたくさん収穫

省スペースで多収穫

スペースが少ない場所に適した方法。吊るしたひもに誘引し、さらに枝が伸びたらひもに絡めていきます。うまく育てば高さ2mくらいになり、たくさん収穫できます。

上に伸びていくので目の高さでの手入れ、収穫が可能。大きく育つと圧巻です。

果菜類

ピーマン・シシトウ・パプリカ

🚩 初心者でもカンタン！ 混植リレー栽培術

4月の畑

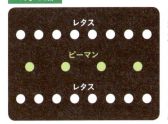

ピーマンを中央に30cm間隔で植え、両肩にレタスの苗を植えておくと、ピーマンが大きく伸びる前にレタスが収穫できます。レタスは1つおきに間引きながら収穫します。

9月の畑

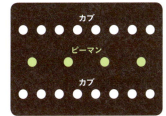

ピーマンは11月ごろまで収穫できるので、そのまま栽培を続け両肩にカブの種をまいて収穫できます。

Column.1

自分で種をとろう

育てた野菜から種をとるのは、単に翌年の種代の節約ではありません。
自家採種をくり返すうちに種はその畑の環境に合ってきて、
安定的に育てやすく、味のよい野菜をつくることができます。

その土地に合った野菜になる

野菜を育てていると、同じ種類のものでも品種によっては、その畑の環境では病害虫にあいやすくてどうしても枯れてしまうものがある一方で、環境によく合って元気に育つものも出てきます。畑の土壌改良は改善できたとしても、その土地の気候、風向きなどの要素は被覆材の力でも補えないことがあるでしょう。よく育った品種のものを選んで自家採種をしていくと、重ねれば重ねるほど作物がその環境に合ったものになっていきます。市販されている種の多くは、化学肥料の使用を前提につくられているものが多く、農薬を使わないで栽培をする場合は、自家採種をすることで、無農薬でも力があり、病害虫にも強い性質になっていきます。無農薬栽培こそ、自家採種がおすすめです。

一代交配種と固定種

市販されている種には、異なる性質の両親をかけ合わせてつくった雑種の一代めである「一代交配種」と、何度も採種がくり返されて性質が固定されている「固定種」の2種類があります。多くの種袋にはこれが記載されています。一代交配種は「交配種」「F₁」と記載されていることがあります。両親のよい性質だけが出てくるので、作物の形が揃っていたり、収穫量が多くなったりするなどの利点がありますが、自家採種をしても翌年は性質が異なったものが出てきます。これを何年かくり返せば品種は固定されてきます。固定種はすでに固定化がすんでいるので、自家採種をすれば、比較的短期間で、その土地に合った野菜に変わってきます。

野菜の収穫後は、トウ立ちさせて花を咲かせます。

そのまま枯れるまで畑に置いておくと、枯れたサヤから種をとることができます。

種のとり方

野菜の種類によって、自家採種の仕方はやや異なります。完熟した実が
乾燥してそのまま種になるもの、水の中でより分けて乾燥させるものなどがあります。

実を乾燥させるもの

【パセリの例】

1

葉を収穫したあと、畑でそのまま育てて花を咲かせ、枯れるまで置いておきます。刈りとってしばらく風通しのよいところで乾燥させ、完全に乾燥したら採種をします。

2

ボウルなどの容器の上で、種が入っている部分を指でよくもみ、種をはずしていきます。

3

種が落ちたら、扇風機の風を当てたり、息をふきかけたりして、ゴミや充実していない軽い種をふきとばし、小袋やびんなどに入れて保管します。

水中でより分けるもの

【トマトの例】

1

種が含まれているゼリー状の部分をこそぎ落とし、びんに入れます。

2

ふたをして暖かいところに置きます。発酵させてゼリー状の部分と種を分離させやすくします。数日置いたらびんに水を入れ、沈んだ種だけをとり出します。

3

水洗いをして、キッチンペーパーの上で天日で1時間ほど乾燥させ、完全に乾いたら、密閉容器などに入れて冷蔵庫の野菜室で保管します。

| 果菜類 | アオイ科 | ★★☆ |

オクラ
okra

🌱 **初心者におすすめの品種**
島オクラ（自家採種）
ブルースカイ（みかど協和）

日当たり：多く／水やり：ふつう／雨：強い／肥料：多い／種で／害虫：ふつう／中和

栽培のポイント
・高温で育つので暖かくなってから種まきを。
・密植で太くならないように育てる。
・多肥を好むので追肥を行う。

栽培スケジュール
■ 育苗　■ 種まき　■ 収穫

1	2	3	4	5	6	7	8	9	10	11	12
				■		■	■	■			

気をつけたい害虫
アブラムシ、ハダニ、ヨトウムシ、ネコブセンチュウ

基本的な植え方
畝の幅：70cm
高さ：10cm
株間：15cm
条間：15cm

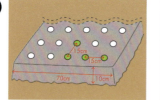

よくある失敗を防ぐコツ

株が大きくならない

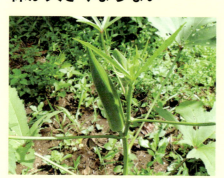

コツ ①　マルチをかけておく
寒さから苗を守るため、畝を立てたらマルチをかけておくことをおすすめします。

コツ ②　暖かくなってから種をまく
寒さに弱いので、遅霜の心配がなくなってから種をまきます。種まき後、防寒も兼ねてトンネルがけをしておきましょう。

① 畑づくりと種まき

株間をあけて育てると大木になってしまうので、密植にして育てます。

畑には堆肥と肥料を十分入れて畝を立て、マルチをかけておきます。寒さに弱いので、遅霜の心配がなくなる5月に入ってから、マルチの植え穴に種を直まきします。

畝を立てる
畝の中央に溝を掘って堆肥を入れ、土を戻して平らにします。草木灰とボカシをまいて混ぜ、畝を立ててマルチをかけます。

種を用意する
市販の種を用意するほか、種とりをしていた場合は、サヤから種を出しておきます。

種をまく
指先で深さ1cmの穴をあけ、ひと穴に4粒ずつ種を落とします。指先で土をかけて軽く押さえます。

② トンネルをかける

種をまいたら、防寒と鳥害を防ぐためにトンネルがけをします。

オクラは気温が低いと発芽しません。暖かくなるのを待って種まきをしても予想外の気温低下もあり、発芽までは万全を期すため、防虫ネットをかけておきます。アブラムシや鳥の被害防止にもなります。

防虫ネットをかける
オクラはアブラムシがつきやすいので、大きくなるまでは防虫ネットをかけます。

ポリフィルムもかける
発芽するまではポリフィルムもかけておくと保温され、芽が出やすくなります。

3 間引き・追肥

4粒まいた種がすべて発芽していたら3本に間引き、株が生長したら追肥を。

マルチひと穴に3本の株を競争させながら育てます。株が生長してきたら、週に1〜2回液肥（ここでは生ゴミ液肥）をジョウロでまきます。

間引く
芽が4本出ていた場合は、その中でいちばん弱いものを1本間引きます。

追肥をする
株の生長が目に見えて旺盛になってくるタイミングがあるので、そこからは週に1〜2回液肥を与えます。

4 収穫

花が咲くと、みるみるうちにサヤが生長します。とりどきを逃さないように。

ハイビスカスのようなきれいな黄色の花が咲き始めると、どんどんサヤが大きくなってきます。サヤが7〜10cmの間に収穫します。時期を逃すとサヤが硬くなって食用に向かなくなります。

とり遅れないようにする
おいしく食べられる時期は短いので、適期を見逃さないようにしましょう。

収穫後は下葉を落とす
サヤを収穫したら、収穫した節より下の葉をとり除いていきます。

とり残したら種とり用に
島オクラや八丈オクラなどの固定種は自家採種が可能。とり残したものは枯れるまで残しておきましょう。

教えましょう！

ラクして大収穫できるアイデア
【オクラ編】

Idea-1 超密植で育てる

やわらかくおいしい実になる

株間をあけて育てると太くなりすぎます。密植させるとそれぞれの株の各節に実がつくため、やわらかな実がたくさんとれます。

超密植栽培はいいことずくめですが、風通しが悪くなりがちなので収穫後の下葉かきが必須です。

Idea-2 一緒にマリーゴールドを植える

ネコブセンチュウを撃退！

オクラの根にはネコブセンチュウが寄生しやすいので、センチュウに対して殺虫効果があるとされるマリーゴールドを一緒に植え、被害を減らしましょう。

マリーゴールドの黄色は、緑色が多い畑のいいアクセントにもなります。「アフリカントール」がおすすめです。

果菜類

オクラ

初心者でもカンタン！ 混植リレー栽培術

5月の畑

（オクラ／マリーゴールド）

オクラは密植栽培がよく、ひと穴に3〜4粒まいて育てます。ネコブセンチュウに弱いのでセンチュウの活動を抑制するマリーゴールドを植えておくと効果があります。

10月の畑

（カブ／コマツナ／カブ／コマツナ／カブ）

オクラは9月いっぱいで片づけ、そのあとは秋野菜がいろいろ栽培できます。カブとコマツナを交互に種まきすると、先にコマツナが収穫となり、そのあとカブが収穫できます。

| 果菜類 | ウリ科 | ★★☆ |

カボチャ
pumpkin

初心者におすすめの品種
坊ちゃん（みかど協和）、味平（みかど協和）

バリエーションを楽しめる品種
バターナッツ（タキイ種苗）、白皮砂糖南瓜（自家採種）

栽培のポイント
・寒さに当てないよう、トンネルがけをする。
・つるが伸びてきたらつる上げを。
・確実に着果させるために、授粉をする。

栽培スケジュール
■ 育苗　■ 植えつけ　■ 収穫

1	2	3	4	5	6	7	8	9	10	11	12
				植えつけ		収穫					

気をつけたい害虫
アブラムシ、ハダニ、ヨトウムシ、ウリハムシ

基本的な植え方
畝の幅：70cm
高さ：10cm
株間：75cm（4穴おきにする）

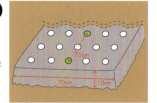

よくある失敗を防ぐコツ

つると葉が伸び、実を結ばない

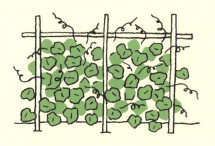

→

コツ ①
肥料をやりすぎない
「つるぼけ」の状態。肥料が多すぎると起こるので、しばらくの間、施肥を控えてみましょう。

コツ ②
摘芯を行う
地這いで育てているときは、子づるが3〜4本になるように摘芯をして、つるや葉を整理してみましょう。

① 畑づくり・植えつけ

肥料をたっぷり施して畝を立て、5月の連休前後の暖かい日に苗を植えます。

カボチャは地這い栽培が多く見られますが、省スペースできれいな実をつくることができる立体栽培がおすすめです。立体栽培用に畝立て、苗の植えつけをしていきます。

畝を立てる
畝の中央部分に溝を掘って堆肥を入れます。土を戻して草木灰とボカシをまき、表土を混ぜ、畝を立てます。

植え穴をあける
畝にマルチをかけ、植え穴をあけて、ポットから抜いた苗を植えつけます。

植えつける
苗を植えつけたら、春は風が強いのでトンネル支柱を立てて防虫ネットをかけ、トンネルにします。U字杭で両わきと側面を最低4カ所とめます。

② 畑の管理

つるが勢いよく伸び始めたらトンネルをはずして支柱に絡ませて育てます。

立体栽培をするときの支柱はキュウリ用の支柱とネットを使うと手軽です。地這いで育てる場合に面倒な摘芯も必要なく、わき芽が伸びるたびにネットに誘引しておきます。雌花が咲いたら人工授粉を行います。

支柱を立てる
キュウリ用の支柱に、ネットをかけるか、支柱の間を埋めるようにひも支柱を張ります。

つる上げをする
伸び始めたつるの先を支柱やネットに誘引すると、数日でつるが上り始めます。

授粉
雄花を摘んで花びらをとり除き、雄しべだけにして雌花に花粉をつけます。夜明けから午前8時までに行います。

③ 追肥

実が大きくなり始めたら数日おきに液肥を与えます。

カボチャに実がついて、大きくなり始めたら追肥も始めます。水やりも兼ねて数日おきに適切に薄めた液肥（ここではヨモギ発酵液と生ゴミ液肥）を葉の裏側にもかかるように噴霧器などで与えます。

スギナ汁で病気予防も
液肥とともにスギナ汁も与えれば、うどん粉病の予防にもなります。

COLUMN 地這いで育てるとき コツ❷

畝の横に1m程度のスペースを用意し、つるが伸び始めたら防草、実の汚れ防止のためワラを敷きます。子づるを3〜4本になるよう摘芯し、子づるを伸ばしていきます。

④ 収穫

果梗（実の柄の部分）がコルク状になってきたら収穫の適期です。

カボチャは開花から約45日、ミニカボチャは約35日たったころが収穫時期です。果梗が茶色味を帯びて亀裂が入ってきたら、剪定バサミで果梗を切って収穫しましょう。

立体栽培ならきれいな実に
果梗がコルクのようになったら収穫。土に触れない実がきれいです。

乾燥させる
収穫後、風通しのよいところに1週間置いておくと、果肉のでんぷん質が糖に変わり、甘くなります。

いろいろな品種

白皮砂糖南瓜
育てやすい日本の伝統野菜です。

坊ちゃん南瓜
手のひらサイズながら甘くホクホク。

ラクして大収穫できるアイデア
【カボチャ編】

Idea-1 ライ麦ワラでトンネルを

立体栽培時の保温に
つるが支柱に伸び始めてから遅霜の心配があるときに、さっとかけられて重宝します。

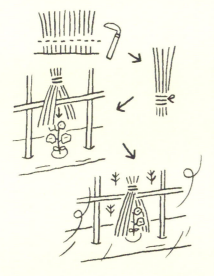

ワラが手元にあるときに。入手しにくいときは畑の隅でライ麦を育てておくと便利です。

Idea-2 天敵の力を利用する

テントウムシがカビを食べる
カボチャに出やすいのがうどん粉病。葉が白くなってしまっても、黄色テントウムシがカビを食べてくれます。

うどん粉病の葉には黄色テントウムシがやってきて、カビを食べます。

生まれた幼虫も、うどん粉病のカビを食べます。

果菜類

カボチャ

初心者でもカンタン！ 混植リレー栽培術

4月の畑

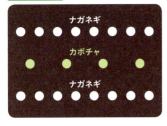

カボチャは地這い栽培も立ちつくりもできますが、立体栽培のほうが接地面がなくきれいな果実がとれます。キュウリ同様ナガネギを落とし植えしておくと丈夫に育ちます。

9月の畑

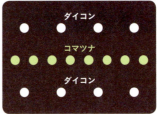

春植えのカボチャは夏で収穫が終わるので、9月からは秋野菜に切り替えられます。ダイコンを植えたら、間にはコマツナなどの菜っ葉を植えると空間が有効に使えます。

| 果菜類 | イネ科 | ★★☆ |

トウモロコシ
corn

初心者におすすめの品種
サニーショコラ（みかど協和）、サニーショコラ88（みかど協和）

バリエーションを楽しめる品種
ホワイトショコラ（みかど協和）

 多く 多め 強い 多い  種で ふつう 中和

栽培のポイント
・2列に植えると授粉しやすい。
・栽培本数が少ないときは人工授粉をする。
・下部に出た穂はかきとる。

栽培スケジュール
■ 育苗　■ 種まき　■ 収穫

1	2	3	4	5	6	7	8	9	10	11	12
		種まき	種まき	種まき		収穫	収穫				

気をつけたい害虫
アブラムシ、ハダニ、アワノメイガ

基本的な植え方
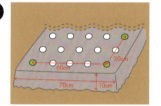

畝の幅：70cm
高さ：10cm
株間：30cm
条間：60cm

よくある失敗を防ぐコツ

実入りが悪い

 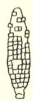

コツ❶ 株間をあける
花粉が風で飛んで受粉するため、十分な株間がないと風通しが悪く、受粉しにくくなります。

コツ❷ 人工授粉をする
粒が入っていないものは受粉がうまくいかなかったもの。確実に受粉させるには人工授粉をしましょう。

① 畑づくり・種まき

まだ寒い時期に種まきをする場合は、マルチとトンネルがけをします。

種まきの時期は3月中旬から5月の連休ごろまで。3月中旬まきでは防寒対策をした畑が必要ですが、5月まきなら露地栽培が十分可能です。畝の中央部分には溝を掘って堆肥をたっぷり入れておきましょう。

畝立て
堆肥、草木灰、ボカシを施した畑に畝を立て、マルチをかけます。

種をまく
ひと穴に種を3粒ずつまきます。

土をかける
種をまいたら、指か穴あけとんとん(p.10)で1cmほど押し込みながら土をかけます。種まき後はすぐに、ポリトンネルをかけておきます。

② 間引き

種まきから1週間で芽が出ます。種まきから1カ月後に間引きを行いましょう。

芽が複数本出ていたら間引きます。ちょうどこのころには気温も上がってくるため、間引きのついでに、これまでかけていたポリフィルムを防虫ネットにとり替えます。

いちばん大きい株を残す
芽が何本か出ていたら、いちばん大きい株を1本残して間引きます。

トンネルとぶつかったらはずす
株が伸びてトンネルとぶつかるようになったら、トンネルをはずします。

COLUMN
わき芽はとらずそのままに

わき芽(矢印)は光合成を活発にし、株が倒れないように支える働きもあるため、そのままに。

果菜類

トウモロコシ

③ 授粉

確実に着果し、実入りをよくするには人工授粉を行うとよいでしょう。

水やりを兼ねて液肥を与えながら育てます。雄穂にやや遅れてふわふわの毛をつけた雌穂（雌花）が出てくるので授粉をします。

細い毛をたくさんつける雌穂

風に運ばれた雄穂の花粉を、雌穂のこの毛が受け止めますが、株数が少ないときは授粉を。

花粉が十分ついたら授粉

雄穂に花粉がまんべんなくついたら授粉を。授粉がうまくいけば、粒が大きくふくらみます。

コツ ❷

雄穂を雌穂にこすりつける

雄穂に花粉がついたら摘みとり、雌穂にこすりつけるようにして、花粉をつけます。

④ 摘果・収穫

下部についた小さな穂は摘果して、ヤングコーンに。褐色の毛が収穫適期。

1株にいくつかの雌穂がつきますが、栄養を集中させるため、いちばん上の1つだけを残して摘果します。毛が出てから23日前後たち、毛の色が褐色になってきたらそろそろ収穫時期です。

摘果した穂はヤングコーンに

かきとった小さな雌穂はヤングコーンに。家庭菜園の楽しみの一つです。

実入りを確認して収穫を

毛が褐色になったら試しどりを。実が先まで詰まっていたら収穫適期。サヤをもって下に倒して収穫します。

教えましょう！

ラクして大収穫できるアイデア
【トウモロコシ編】

Idea-1 育苗ポットまき

3月上旬から暖かい場所でポットで育苗を始め、半月後に畑に植えつけると、6月には収穫できます。

ポットに重ならないよう種をまき、暖かい場所で発芽させます。

草丈が10〜15cmになったらマルチをかけた畑に植えつけます。

Idea-2 雄穂は摘みとって防虫を

トウモロコシの害虫として知られるアワノメイガは雄穂から侵入するので、授粉後は雄穂をすべて摘みとります。

授粉が終わったら、すべての雄穂を摘みとって、害虫の侵入を防ぎます。

Idea-3 露地まきでも育てられる

5月を過ぎれば露地まきも可能に。土寄せをするので平らな畝に種まきをします。育て方はマルチをかけた栽培法とほぼ同じです。

1 マルチ栽培同様につくった畑に同じ株間・条間で種をまきます。

2 マルチ栽培同様、植え穴に種を3粒まき、不織布のベタがけを。

3 3週間後、不織布をはずして、マルチ栽培同様に間引きます。

4 中耕をしながら、何度か株元に土寄せをします。

果菜類　トウモロコシ

🚩 初心者でもカンタン！ 混植リレー栽培術

4月の畑

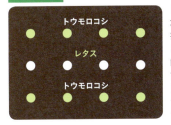

トウモロコシ／レタス／トウモロコシ

トウモロコシは株間30cmで2条まきに。芽が出て伸びるまでに時間があるので、畝の中央にレタスの苗を植えておくと、トウモロコシが伸びてくるまでに収穫ができます。

9月の畑

ダイコン／コマツナ／ダイコン

3〜4月まきのトウモロコシは夏までに終わるので、そのあとは9月から秋野菜が栽培できます。ダイコンのほかキャベツ、ブロッコリー、カリフラワー、ハクサイなどが植えられます。

| 果菜類 | ウリ科 | ★★☆ |

ズッキーニ
zucchini

初心者におすすめの品種
ブラックトスカ（サカタのタネ）、
KZ-2（みかど協和）

栽培のポイント
・株が大きく広がるので十分な生育スペースを。
・茎が倒れてくるので支柱で支える。
・開花後1週間で収穫。とり遅れないように。

栽培スケジュール
■ 育苗　■ 植えつけ　■ 収穫

1	2	3	4	5	6	7	8	9	10	11	12

気をつけたい害虫
アブラムシ、ハダニ、ウリハムシ

基本的な植え方
畝の幅：70cm
高さ：10cm
株間：60cm

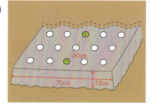

よくある失敗を防ぐコツ

実が大きくならずに腐る

→

コツ❶
複数株植える
雄花、雌花の開花のタイミングがずれ、1株では受粉が難しいため、複数株植えるようにしましょう。

コツ❷
人工授粉をする
ハチやアブがいない場合は、同時に咲いている雄花の花粉を雌しべにつけます。夜明けから午前8時ごろまでの早朝に行いましょう。

① 植えつけ

大きな株に育つため、スペースにはゆとりをもって植えつけます。

寒さに弱いので、5月の連休前後に、マルチをかけた畝に植えつけます。株がとても大きくなるので、ズッキーニはほかの野菜との混植は避けましょう。植えつけ後低温が続く場合はトンネルがけをすると安心。

畝を立てる
溝を掘って堆肥を入れ、平らにしてから草木灰、ボカシをまいて表土を混ぜ合わせ、マルチをかけます。

苗は浅めに植える
本葉が4～5枚になった苗をポットから抜きます。植え穴に浅めに植えつけます。

② 畑の管理

つるは伸びませんが茎が長く伸びるため、支えの支柱を立てましょう。

生長が早く、植えつけから1カ月でどんどん結実していきます。実がつき始めたら液肥をこまめに与えるとよいでしょう。自然に受粉しますが、媒介虫が少ないときや株数が少ないときは人工授粉も。

支柱を立てる
茎が数本伸びてきたら、1mぐらいの短めの支柱を茎の間に数本挿しておきます。

コツ ❷

授粉をするなら早朝に
株が少なく雄花と雌花が同時に咲かない場合や虫が少ないところでは、カボチャの要領（p.97）で授粉を。

③ 収穫

開花後5日くらいで実の長さが約20cmになり、収穫期を迎えます。

とり遅れると数日で実は巨大化します。食べられないわけではありませんが、株に負担がかかり、その後の収穫量が減ってしまいます。適度な大きさのうちに、へたの上をハサミで切って収穫しましょう。

とり遅れないように
20cmくらいの長さのときにどんどん収穫していきましょう。

COLUMN うどん粉病に似た模様の葉

ズッキーニの本来の葉の模様は写真のように白っぽいため、うどん粉病と間違えられがち。指で触れて粉っぽくなければ模様です。

教えましょう！

ラクして大収穫できるアイデア
【ズッキーニ編】

Idea-1　ウリハムシの撃退法

害虫を予防・捕殺しよう

ズッキーニはカボチャの仲間で、害虫も同じウリハムシがよくつきます。ウリハムシがつくと株へのダメージが大きいため、予防・捕殺しましょう。

草木灰を目の細かい網袋に入れ、葉の上にふりかけておくとウリハムシが寄ってきません。また、うどん粉病対策にはヨモギ発酵液を500倍に薄めて葉にかけておきます。

万が一、ウリハムシを見つけたらすぐに捕獲してペットボトルに閉じ込めましょう。株が若いうちは特に注意して観察をしてください。

| 果菜類 | ウリ科 | ★☆☆ |

ニガウリ
balsam pear

🌱 **初心者におすすめの品種**
ビタCグリーン（みかど協和）、
さつま大長れいし（野口のタネ）

多く／多め／強い／多い／苗で／強い／中和

栽培のポイント
・たくさんなるので1株あれば十分。
・初期の生長はゆっくりだが、気温の上昇とともに大きく育つので誘引先を用意する。

栽培スケジュール
■育苗　■植えつけ　■収穫

1	2	3	4	5	6	7	8	9	10	11	12

気をつけたい害虫
アブラムシ、ハダニ、ウリハムシ

基本的な植え方
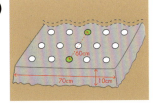

畝の幅：70cm
高さ：10cm
株間：60cm

よくある失敗を防ぐコツ

実が大きくならずに熟す

→

コツ❶
株が大きくなる前の実はとる
株が大きくならないうちの実はとり、株が十分に育ってから収穫するようにすると、それぞれの実が大きく育ちます。

コツ❷
人工授粉をする
実が大きくならない原因の一つに受粉がうまくいかなかったことが考えられます。人工授粉で受粉を確実にしてみましょう。

① 畑づくり・植えつけ

手がかからないニガウリ栽培ですが、植えつけのときは元肥をたっぷりと。

堆肥をたっぷり入れた土に草木灰とボカシを混ぜ合わせ、図のように畝を立てます。マルチをかけるか、植えつけ後にワラを敷いておきます。ブドウ棚などに誘引する場合は直下に畝をつくっておきます。

畝を立てる
2カ月以上もの間、収穫が続くので、元肥はたっぷり入れて畝をつくります。

マルチをかける
畝にマルチをかけ、植え穴をあけておきます。複数株を植える場合は株間を60cmあけます。

本葉が4〜5枚の苗を植える
植え穴に浅めに植えつけます。植えつけ後、低温が続く場合はトンネルをかけておくと安心です。

② 管理と収穫

誘引だけ気をつけておけば、追肥や摘芯も必要ありません。

ニガウリは旺盛につるを伸ばすので、早めに支柱を用意するか、最初から大きな棚などの下に植えておきます。キュウリ用の支柱とネット（カボチャの誘引 p.97参照）や、ブドウ棚などへの誘引がおすすめです。

誘引する
巻きひげが出始めたら、ネットを張った支柱に誘引します。

収穫する
開花から25日で収穫時期に。ハサミで柄を切って収穫します。収穫は7月上旬〜9月中旬ごろまで続きます。

ラクして大収穫できるアイデア 【ニガウリ編】

Idea-1 マリーゴールドと

ニガウリはネコブセンチュウの害を受けることがあるので、根元にマリーゴールドを植えます。

マリーゴールド、特に「アフリカントール」という品種は、センチュウに対しての殺虫効果があるといわれます。

Idea-2 種とりは意外に簡単です

固定種なら来年の種に

固定種（p.90）のニガウリなら、とり遅れて熟れてしまったもので種をとってみましょう。保管して翌年、まくことができます。

1　株についたままで黄色くなったものを使います。

2　割って赤いゼリー状のものの中から種をとり出します。

3　水洗いをしてゼリー状のものを落とします。

4　洗ったら乾かします。乾燥したら密閉容器に入れて保管しておきます。

果菜類　ニガウリ

初心者でもカンタン！ 混植リレー栽培術

5月の畑

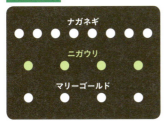

ナガネギ／ニガウリ／マリーゴールド

ニガウリもウリ科なのでコンパニオンプランツとしてのナガネギを落とし植えして、さらにネコブセンチュウにも弱いのでマリーゴールドも植えると元気に育ちます。

10月の畑

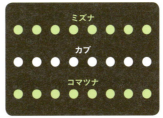

ミズナ／カブ／コマツナ

ニガウリもそのまま栽培すれば10月ぐらいまで収穫できますが、9月で切り上げて秋野菜の菜っ葉類などをいろいろ植えるのもよいでしょう。

| 果菜類 | ゴマ科 | ★☆☆ |

ゴマ
sesame

🌱 **初心者におすすめの品種**
金ゴマ（サカタのタネ）、白ゴマ（サカタのタネ）

🌱 **バリエーションを楽しめる品種**
黒ゴマ（サカタのタネ）

多く / 多め / 強い / ふつう / 種で / 強い / 中和

栽培のポイント
・縦に大きく育つので狭いスペースでも栽培可能。
・サヤが開き始めたら収穫。遅れると収穫時に種が畑にこぼれてしまう。

栽培スケジュール
■ 育苗　■ 種まき　■ 収穫

1	2	3	4	5	6	7	8	9	10	11	12
				種まき			収穫				

気をつけたい害虫
アブラムシ、ハダニ、ヨトウムシ、ネキリムシ

基本的な植え方
畝の幅：70cm
高さ：10cm
株間：60cm

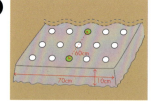

よくある失敗を防ぐコツ

収穫時に種が落ちてしまう

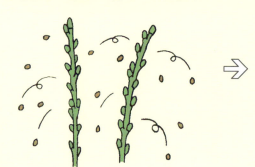 →

コツ ①
収穫適期を逃さない
収穫が遅れると、サヤから種（ゴマ）がこぼれてしまいます。サヤが開いたらすぐが収穫のタイミングです。

コツ ②
ネットにくるんで乾燥させる
収穫後、乾燥させますがネットにくるんでおけば、乾燥中にサヤから落ちた種をキャッチすることができます。

① 畑づくり・種まき

熱帯性のゴマはすっかり暖かくなる5月中旬以降に植えつけます。

土質は特に選びませんが、質のよいゴマを収穫するため、ほかの野菜と同様に、元肥をしっかり施した畝をつくって植えつけます。マルチをかけなくてもよく育ちます。

畝を立てる
堆肥を埋め、草木灰、ボカシと土を混ぜ合わせて、図のように畝を立てます。

種をまく
あとから間引くので、バラバラとすじまきをします。まく前にまきすじをつけておきましょう。

土をかける
種をまいたら、レーキなどを使って、軽く土をかけます。

② 間引き

ネキリムシの被害があるので、間引きは一度に行わず、段階的に。

種をまいて1週間で発芽します。さらに1週間たって本葉が出てくるころが最初の間引きのタイミングです。2回めの間引きは草丈が20cmくらいになったころが目安です。

初回の間引き
最初の間引きは、株間が2～3cmになるように行います。

その後の間引き
タイミングを見ながら、最終的には株間が20cm以上になるように間引きします。

> **COLUMN**
> **土の浅いところに隠れている**
>
> ネキリムシの被害。犯人は被害のある場所近くの浅い土中にいるので見つけて捕殺し、被害にあった株は抜いて畑の外へ。
>
>

果菜類

ゴマ

3 中耕・摘芯

ゴマは背が高く、風で倒れやすいため、土寄せを兼ねた中耕をします。

雑草が生えにくいように中耕をします。倒伏防止も兼ね、そのときに株元に土寄せをしておくとよいでしょう。追肥は必要ありませんが、実が充実するように摘芯をしておきます。

中耕と土寄せ
レーキなどで株間や通路の土をかきながら、株元に土寄せをします。

下から順に開花していく
ピンク色でかわいらしい金ゴマの花は、下から順に咲いていきます。

摘芯する
茎に花がたくさんついたら、先端を花ごと摘芯し、サヤについた実を充実させます。

4 収穫

下についたサヤが茶色くなってきたら収穫します。乾燥させてから脱粒を。

コツ ❶

サヤが茶色くなると割れてきます。割れて中のゴマがたくさん飛び出してしまわないうちに収穫しましょう。サヤがついた部分の下の茎をハサミで切ります。

刈りとる
刈りとったら、葉をむしりとります。葉をとってから刈りとってもよいでしょう。

コツ ❷

乾燥させる
ゴマがこぼれ落ちないようにネットにくるんで、雨の当たらないところで上向きにして2週間乾燥させます。

脱粒する
乾燥させた茎を逆さにしてたたくと、サヤの中から種(ゴマ)が落ちてきます。ふるいにかけてゴミをとり除きます。

ラクして大収穫できるアイデア 【ゴマ編】

Idea-1 間引いた苗を移植する

間引き苗は欠株の補充にも

ネキリムシ被害に注意しながら、2回に分けて間引きますが、それでも大きな被害を受けることも。それに備えて間引いた苗はほかの場所で育て、欠株が生じたら移植します。

ゴマの苗は移植に強いため、間引いた苗は畑のあいたスペースに移して育てることも十分可能です。

Idea-2 細かいゴミはふきとばす

ふるいをかけたあとは息をふきかける

落ちたゴマはまず、2mmのふるいに通して大きなゴミをとります。その後、平らな容器に移して息をふきかけると、細かなゴミがふきとんでいきます。これできれいに！

ゴミをとって調整が終わったものは食用にも翌年の種にもなります。種はびんやチャックつきの小袋で保管を。

果菜類 ゴマ

初心者でもカンタン！ 混植リレー栽培術

5月の畑

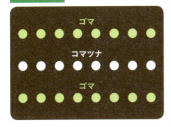

ゴマは5月に直まきするか苗をつくって植えるかします。1畝に2条植えられますが、すぐには大きくならないので、畝の中央にはコマツナなど1カ月ほどでとれる菜っ葉を栽培できます。

9月の畑

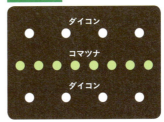

ゴマは真夏でも元気に生育し、各節ごとにサヤをつけますが、8月末ごろまでには刈りとれるので、そのあとは秋野菜に移行できます。ダイコンとコマツナは同時まきできます。

| 葉菜類 | アブラナ科 | ★★☆ |

キャベツ
cabbage

- 初心者におすすめの品種
  輝（みかど協和）、デライトボール（みかど協和）
- バリエーションを楽しめる品種
  冬美（みかど協和）、新若夏（みかど協和）

多く／ふつう／強い／ふつう／苗で／弱い／中和

栽培のポイント
・植えつけ時期を守らないとトウ立ちすることも。
・植えつけたときから害虫対策が必要。
・外葉を十分に生長させる。

栽培スケジュール
■ 育苗　■ 植えつけ　■ 収穫

1	2	3	4	5	6	7	8	9	10	11	12

春まき／夏まき／早春まき（温床育苗）

気をつけたい害虫
アブラムシ、アオムシ、ヨトウムシ

基本的な植え方

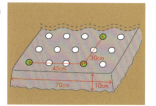

畝の幅：70cm
高さ：10cm
株間：30cm
条間：45cm

よくある失敗を防ぐコツ

害虫被害がひどい

→

コツ ❶

すぐにトンネルをかける

植えつけたらすぐに防虫ネットのトンネルをかけておきましょう。地面とトンネルとの間にすき間ができないように注意を。

コツ ❷

土中の幼虫を見つけて駆除する

トンネルをかけたからと安心せず、こまめに中をのぞいてチェックを。土中に幼虫が隠れているので、見つけ次第捕殺します。

① 畑づくり

十分に肥料を入れた土で育てます。家庭菜園なら、マルチをかけるのがおすすめ。

畝は日当たりのよい場所に。アブラナ科の野菜と連作をするときは、たっぷりと堆肥・ボカシを入れて連作障害を防ぎます。

肥料を施す
溝を掘って堆肥を入れ、土を戻して草木灰とボカシをまいて表土を混ぜ合わせます。

畝を立てる
図の大きさに畝を立てて、表面をレーキなどで平らにならします。

マルチをかける
畝を立てたら、マルチをかけます。

② 植えつけ

苗の本葉が4〜5枚になったら植えつけどき。植えつけたらすぐにトンネルを。

植えつけるときは根鉢を崩さないようにします。マルチの穴の中に手で植え穴を掘り、苗を入れて土をかけたら、ぐらつかないように根元を軽く押さえておきます。植えつけ後すぐ防虫・鳥対策が必要です。

苗はやさしく扱う
写真は植えどきの苗。本葉がしっかりしていそうに見えますが、茎がやわらかいので注意しましょう。

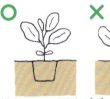

植えつけは深すぎず、浅すぎず
苗を植えつけるときは、深植え、浅植えにならないように適度な深さになるようにします。

コツ① トンネルをかける
植えつけたらすぐに防虫ネットでトンネルをかけておきましょう。

葉菜類 キャベツ

3 追肥

トンネルの上から週に1〜2回程度、液肥をかけましょう。

適切に薄めた液肥（ここではヨモギ発酵液と生ゴミ液肥）を与えます。トンネルは収穫まで張ったままにしておくので、液肥はトンネルの上から与えましょう。ときどき、トンネルをのぞいて虫がいないかチェックを。

トンネルの上からジョウロで
水やりを兼ねて、ジョウロ（写真は噴霧器）で薄めた液肥をトンネルの上からかけます。

COLUMN
害虫は早めに見つけよう

天敵・ヨトウムシに食われたキャベツの葉。虫がいないか葉の裏までチェックしましょう。

 コツ❷

ヨトウムシは土の中に隠れていることも。被害のある株の周囲を探してみましょう。

---

4 収穫

手で触ってみて、硬くしまっていたら収穫できます。

植えつける季節によって収穫までの日数は異なりますが、しっかり結球してきたら手で触った感触で収穫時期かどうか確認します。あまり長く畑に置いておくと結球したものが裂けてくるので注意しましょう。

包丁で切って収穫
球が硬くしまっているものから、株元を包丁で切って収穫します。

赤くなったものも食べられる
寒さに当たると、アントシアニンという色素の働きによって葉が赤くなりますが、問題なく食べられます。

教えましょう！

ラクして大収穫できるアイデア
【キャベツ編】

Idea-1 育苗後は根切りで丈夫に

新しい根が出るのを促す

苗床で苗から育てるときは植えつける前に、フォークで根切りを行うと、新根が出て根つきがよくなります。

フォークを少し寝かせてから軽くもち上げると、根の先が切れ、発根を促します。

Idea-2 レタスと混植して防虫

お互いの害虫を遠ざける

キャベツとレタスを混植すると、それぞれの害虫を遠ざけます。キャベツが大きくなる前に収穫できるレタスを畝の端またはキャベツと交互に植えるとよいでしょう。

レタスの収穫後、キャベツの葉が大きく広がってきます。

葉菜類

キャベツ

🚩 初心者でもカンタン！　混植リレー栽培術

4月の畑

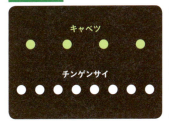

キャベツ / チンゲンサイ

キャベツの作型は春まき、夏まき、秋まきといろいろありますが、ここでは2月まきの例です。同時まきで育苗したチンゲンサイと混植するとチンゲンサイが先にとれます。

7月の畑

ゴマ / コマツナ / ゴマ

2月まきのキャベツは5月末から6月上旬に収穫が終わるので、その後は夏に強いゴマが適しています。ゴマが伸びるまでにコマツナなどの菜っ葉が収穫できます。

| 葉菜類 | アブラナ科 | ★★☆ |

ハクサイ
Chinese cabbage

🌱 **初心者におすすめの品種**
娃々菜（トキタ種苗）、黄ごころ85（タキイ種苗）

🌱 **バリエーションを楽しめる品種**
郷秋90日（トーホク）、チヒリ70（タキイ種苗）

多く／ふつう／強い／ふつう／苗で／弱い／中和

栽培のポイント
・害虫が少なくなるころに植えつけるが、遅れると結球しなくなる。
・害虫被害にあいやすいので、対策が必要。

栽培スケジュール
■育苗　■植えつけ　■収穫

1	2	3	4	5	6	7	8	9	10	11	12
春まき	■	■		■	■						
					夏まき		■	■	■		

気をつけたい害虫
アブラムシ、ナメクジ、ヨトウムシ、アオムシ、コナガ

基本的な植え方
畝の幅：70cm
高さ：10cm
株間：30cm
条間：45cm

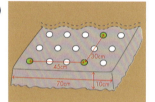

よくある失敗を防ぐコツ

結球しない

→

コツ ①
適期に植えつける
ハクサイはたくさんの葉が出ることによって結球していきますが、植えつけが遅れると葉の枚数が足りずに結球できなくなります。

コツ ②
追肥をする
健康な葉をたくさん生長させるため、結球が始まったころから、週に1〜2回、液肥を与えます。

① 畑づくり

元肥をたっぷり入れて土づくりをします。品種によって株間、条間をあけます。

品種によって大きくなるもの、それほど大きくならないものなどがあるので、種袋などで確かめてから適切な畝を立てるようにします。畝の中央に溝を掘って堆肥を入れ、肥料切れが起こらないようにします。

肥料を施す
溝を掘って堆肥を入れたら土を戻して平らにし、草木灰とボカシをまいて、表土を混ぜ合わせます。

畝を立てる
水はけのよい土なら高さ10cm、そうでないところなら、それよりやや高めの畝を立てます。

マルチをかける
品種に合った株間、条間でマルチを用意し、畝にかけます。葉裏に虫がつくのでシルバーマルチ（虫が反射を嫌う）がおすすめ。

② 植えつけ

植えるのが遅れると結球しないため、適期に植えつけるようにします。

秋植え（夏まき）の場合、植えつけが遅くなると葉数が十分に揃う前に寒くなってしまい、結球しなくなるため、植えつけ期に注意しましょう。植えつけたらすぐに、防虫トンネルをかけておきます。 **コツ ①**

植え穴をあける
マルチに穴をあけ、マルチの穴に、手で植え穴をあけ、ポットから出した苗を入れます。

株元を軽く押さえる
周囲の土を株元に寄せるようにして、軽く押さえます。

トンネルをかける
トンネル用支柱を約1m間隔で立て、その上から防虫ネットをかけます。

葉菜類

ハクサイ

3 追肥

トンネルの上から、水やりを兼ねて液肥を与えます。

元肥をしっかり施していれば、追肥がなくても育ちますが、より立派な株にするために、水やりを兼ねて、適切に薄めた液肥を与えます。育ちが悪い場合は、ボカシをまきます。

コツ❷
ネットの上から液肥をまく
液肥（ここではヨモギ発酵液と生ゴミ液肥）を週に1〜2回、ネットの上からまきます。

育ちが悪いときはボカシを
内側の葉が立ち上がり始めたころ、ボカシを株間にまくとよいでしょう。

COLUMN
こまめに虫パトロールを
トンネルをかけたからと安心せず、こまめに葉の裏まで確認しましょう。写真はアブラムシ被害を見つけ、自然農薬をスプレーしているところ。

4 収穫

頭の部分を触って、硬くしまっていれば収穫できます。

植えつけから約1カ月で葉が立ち上がり、結球してきます。ハクサイの頭を触ってみて、硬くしまっていたら収穫します。外葉を押さえて株を傾け、株元を包丁で切ります。外葉は通路に置いて乾燥させ、堆肥に。

トンネルはそのままで
収穫期ごろになると虫はいなくなってきますが、霜よけのため、トンネルはそのままに。

包丁で切って収穫する
株を傾け、外葉と株元の間に包丁を入れ、切りとります。

外葉で防寒を
スペースの都合でトンネルをはずした場合は、外葉で包んでひもで縛り、防寒します。

ラクして大収穫できるアイデア
【ハクサイ編】

Idea-1 シュンギクと混植して防虫を

シュンギクが虫を寄せつけない

ハクサイを好むアオムシ、ヨトウムシ、コナガなどの成虫はシュンギクが苦手。ハクサイに近寄れないため、産卵を防ぐことができます。

ハクサイとシュンギクで、鍋の材料になる混植栽培。

Idea-2 ミニハクサイを育てる

ミニハクサイの密植で収穫倍増

少人数の家庭では1玉のハクサイを使い切るのは大変。使い切りできるミニハクサイなら、密植栽培もできます。育て方は普通のハクサイと同じです。

ミニハクサイは、普通のハクサイの半分の株間で育てられます。

初心者でもカンタン！ 混植リレー栽培術

4月の畑

ハクサイは晩夏まきが多いですが、春まきでもよくできます。キャベツ同様2月まきでチンゲンサイと混植すると、先にチンゲンサイがとれて、その後ハクサイが畝いっぱいに伸びます。

6月の畑

2月まきのハクサイは5月末から6月上旬までに収穫が終わるので、その後は時期的にゴマがぴったりです。ゴマが伸びるまでにコマツナなどの菜っ葉が収穫できます。

葉菜類

ハクサイ

| 葉菜類 | アカザ科 | ★★☆ |

ホウレンソウ
spinach

🌱 **初心者におすすめの品種**
サンライト（サカタのタネ）、ソロモン（サカタのタネ）

🌱 **バリエーションを楽しめる品種**
まほろば（サカタのタネ）、
日本ほうれん草（サカタのタネ）

多く / ふつう / ふつう / ふつう / 種で / 弱い / 中和

栽培のポイント
・夏以外いつでも育てられるが、初心者におすすめなのは夏まき。
・酸性土ではよく育たないので、中和が必要。

栽培スケジュール
■育苗　■種まき　■収穫

1	2	3	4	5	6	7	8	9	10	11	12
	春まき										
							秋まき				

気をつけたい害虫
アブラムシ、ハダニ、ヨトウムシ

基本的な植え方
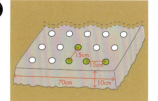
畝の幅：70cm
高さ：10cm
株間：15cm
条間：15cm

🌷 よくある失敗を防ぐコツ

早い時期からトウ立ちする

→

コツ①
トウ立ちしにくい品種に
東洋種に比べて西洋種はトウ立ちしにくいので、慣れないうちは西洋種を夏まきで育ててみるとよいでしょう。

コツ②
夜間は暗くなるところに植える
街灯の近くなど、夜間も明るいところでは、「日が長くなった」と勘違いして早い時期からトウ立ちしてしまいます。

① 畑づくり

ホウレンソウは酸性土を嫌うので、草木灰などで中和しておきましょう。

酸性土で育ったホウレンソウは黄色くなってしまいます。草木灰のほかカキ殻石灰などの有機石灰で中和をしておきます。雑草が生えるのを防ぐため、マルチをかけておきますが、露地栽培も可能です。

中和と施肥をする
堆肥、草木灰、ボカシを全面にまき、レーキなどで表土をまんべくなく混ぜます。

畝を立てる
レーキなどで（写真は四福）表面を平らにならし、畝の形を整えて、マルチをかけます。

② 種まき

マルチをかけた場合は1穴に4〜5粒ずつ、露地栽培の場合はすじまきをします。

種まきから短期間で栽培できます。マルチの穴にまいた場合は間引く必要はありません。すじまきをした場合は最終的に株間が5〜6cmになるように間引きます。

ひと穴に4〜5粒まく
指先で植え穴をあけ、ひと穴に4〜5粒ずつ種をまき、軽く土をかけます。

露地栽培はすじまきで
露地で育てる場合は、まきすじをつけて1cm間隔くらいでまきます。

> **COLUMN**
> **街灯のあるところで育てない**
> 街灯の光が当たるところでは日が長くなったと勘違いして、早く花を咲かせてしまいます。
>
> コツ❷
>
>

葉菜類

ホウレンソウ

③ 防虫対策

春まき、秋まきとも、種まき直後は虫の多い時期。防虫対策が必要です。

種をまいたら、すぐにトンネルがけをします。露地栽培の場合は、種まき後すぐに不織布をベタがけしておくとよいでしょう。虫がいなくなる厳冬期でもトンネルがけをしておくと、葉が元気に立ち上がります。

トンネルをかける
防虫ネットでトンネルをかけます。トンネルをかけたあとも、虫が入っていないか、こまめに確認を。

COLUMN
ホウレンソウの葉の形

西洋種（上）は丸く、日本ホウレンソウ（下）はとがった葉の形をしています。

春まき（上）は色が淡くやわらかく、越冬したもの（下）は色も味も濃くなります。

④ 収穫

種まきから40〜50日で収穫可能。根元をハサミか包丁で切りとります。

ボカシ肥で育てたホウレンソウはアクが少ないのが特徴です。草丈が20〜25cmになったら収穫しますが、それより小さくてもやわらかく、おいしく食べられます。少しずつ種まきを遅らせば、長く収穫できます。

ひと穴分まとめて収穫する
収穫するときは、栄養のある根元を少しつけて切りとるとよいでしょう。

COLUMN
冬は北風よけを

昔から、畝の北側にヨシズで片屋根式の覆いをつくり、北風を避ける方法があります。

現代では、傾斜を急にした支柱に農業用ビニールフィルムを張ると（左写真上・下）、雪よけにもなり、効果絶大です。

ラクして大収穫できるアイデア
【ホウレンソウ編】

Idea-1 ライ麦と混植して鳥被害を防ぐ

ライ麦の長い葉がホウレンソウを守る

ホウレンソウの両わきにライ麦の種をまき、ホウレンソウ、ライ麦とも適宜間引きをして育てます。ライ麦が茂ってきて、ホウレンソウの収穫期まで葉で守ってくれます。

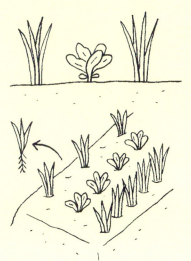

ライ麦は刈りとって乾燥させて敷きワラなどに使えます。

Idea-2 根を残して収穫し、肥料にする

残った根が次の作物の肥料になる

葉もの野菜は根ごと引き抜いて収穫すると、その根は切って捨てることになります。しかし、根を残して収穫すればその根はやがて風化して土に吸収され、肥料となります。

根が残った状態で、次の作物を植えつけることができます。

葉菜類

ホウレンソウ

⌖ 初心者でもカンタン！　混植リレー栽培術

4月の畑

3～4月にまくホウレンソウは成長も早く栽培しやすく、葉ダイコンなどを交互にまいておくと、先に葉ダイコンがとれて、次にホウレンソウがとれます。

6月の畑

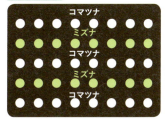

菜っ葉類は、春から初夏は生育が早く、種まき後1カ月で収穫になります。コマツナ、ミズナなど複数種類の種をまくと収穫も楽しくなります。

葉菜類　アブラナ科　★☆☆

コマツナ
Japanese mustard spinach

🌱 **初心者におすすめの品種**
風のかおり（みかど協和）、
楽天（タキイ種苗）

多く / ふつう / 強い / 強い / 種で / 強い / 弱酸性

栽培のポイント
・春から秋までは、種まきから3週間で収穫できる。
・防虫ネットのトンネルなどで害虫対策を。
・乾燥気味のときは、水やりを兼ねて液肥を施す。

栽培スケジュール
■育苗　■種まき　■収穫

1	2	3	4	5	6	7	8	9	10	11	12

気をつけたい害虫
アブラムシ、ハダニ、ヨトウムシ、カブラハバチ

基本的な植え方
畝の幅：70cm
高さ：10cm
株間：15cm
条間：15cm

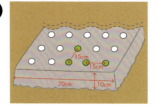

よくある失敗を防ぐコツ

葉が病気になる

→

コツ❶
降雨量に合わせて水やりをする
水が多すぎても少なすぎても病気を招きます。降雨の量に合わせて、柔軟に水やりをしてみましょう。

コツ❷
病気が出た葉はすぐにとり除く
病気が出た葉を見つけたらすぐにとり除きましょう。迅速に対応することで、病気の広がりを防ぎます。

① 畑づくり

堆肥をたっぷり入れて肥えた土をつくって長期間、畝を使うことができます。

暖かい時期なら種まきから収穫まで約3週間と、ほぼ1年つくり続けることができるので、ほかの葉もの野菜と組み合わせた畝づくりが便利です。

肥料を施す
堆肥を入れ、草木灰、ボカシをまき、表土をよく混ぜ合わせます。

畝を立てる
図の大きさの畝を立て、レーキで表面をならします。

マルチをかける
畝の上にマルチをかけ、周囲を土で固定します。穴あきマルチでもOKです。

② 種まき

マルチの穴に数粒ずつ種をまき、間引きはせずに育てます。

生長のスピードが早いので、単独で育てるだけでなく、条ごとに別の葉もの野菜の種をまいて混植してもよいでしょう。

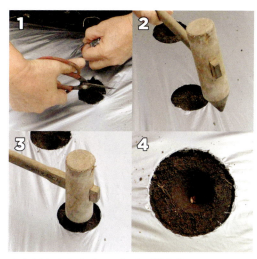

穴あけとんとん (p.10) での種まき
図の株間、条間でマルチの穴をあけ、植え穴をあけてひと穴に数粒ずつ種をまき、軽く土をかけます。

COLUMN　露地栽培ならすじまきで

畝にまきすじをつけ、約1cmおきに種をまきます。

まいた種に薄く土をかけて、軽く押さえます。

葉菜類

コマツナ

③ トンネルがけ

種をまいたらトンネルをかけ、虫がつかないようにします。

防虫のためにトンネルがけをします。支柱をアーチ状に立ててその上からネットをかける方法のほか、下の写真のように畝にのせるタイプの小トンネルを手づくりしてもよいでしょう（p.47）。

トンネルをかける
支柱を約1mごとに挿し、上から防虫ネットをかけます。左写真は小トンネルを利用。

COLUMN
夏でも葉もの野菜をつくることができます

福田さんの自宅・車庫上の温室では、屋根に遮光シートを1枚のせて、真夏でもきれいなやわらかい葉もの野菜が育っています。

コマツナ、ミズナ、タアサイ、ルッコラが収穫できました。

---

④ 収穫

草丈が20cmになったら収穫です。冬期の収穫時は葉色が濃く、肉厚に。

間引きをせずに育てているので、マルチの穴からは数株が一緒に育っています。ひと穴分を一度に握り、株元からハサミか包丁で切りとって収穫します。

こまめに収穫していく
短期間に育つので、一度に収穫すると食べ切れないことも。食べる分だけ早めに少しずつ収穫してもOK。

COLUMN
マルチの列ごとに違う野菜を植える

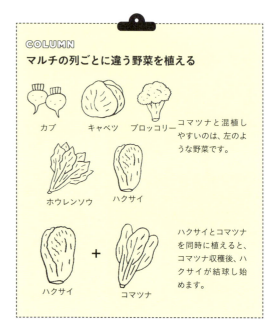

コマツナと混植しやすいのは、左のような野菜です。

ハクサイとコマツナを同時に植えると、コマツナ収穫後、ハクサイが結球し始めます。

ラクして大収穫できるアイデア
【コマツナ編】

Idea-1 マルチの穴あけ器を手づくり

ハサミで一つずつ穴をあけてもよいのですが、簡単に手早くできるようにと穴あけ器を考案しました。

1　ガスボンベのバーナーの先にとりつけたあき缶を熱します。

2　あき缶の縁が十分に熱くなったのを確認します。

3　熱くなったあき缶の縁を穴をあけたい箇所に当てます。

4　熱でビニールが溶け、丸い形に穴をあけることができました。

葉菜類

コマツナ

初心者でもカンタン！　混植リレー栽培術

4月の畑

コマツナはほぼ周年栽培ができます。春から夏までは特に生育が早くすぐにとれます。ホウレンソウを交互にまいておくとコマツナをとったあとにホウレンソウの株が張ります。

6月の畑

コマツナの収穫あとに次はホウレンソウをまくのもよいでしょう。ホウレンソウだけでもいいですが、ミズナなど違う種類のものをまいてみるのも楽しいものです。

| 葉菜類 | キク科 | ★☆☆ |

シュンギク
crown daisy

🌱 **初心者におすすめの品種**
大葉春菊（サカタのタネ）、
中葉春菊（サカタのタネ）

多く　ふつう　強い　ふつう　種で　強い　中和

栽培のポイント
・光を好む種なので、種まきのとき土は薄くかける。
・間引きをしながら育てる。
・摘みとりながら収穫すると、次々とわき芽が出る。

栽培スケジュール
■育苗　■種まき　■収穫

1	2	3	4	5	6	7	8	9	10	11	12
	春まき										
						夏まき					

気をつけたい害虫
アブラムシ、ハダニ、ヨトウムシ

基本的な植え方

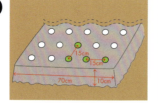

畝の幅：70cm
高さ：10cm
株間：15cm
条間：15cm

🌿 よくある失敗を防ぐコツ

生育が悪い

 →

コツ ❶
堆肥を入れて水はけのよい土に
植えつける前に堆肥をたっぷり入れて、水はけのよい畑にしておきましょう。

コツ ❷
畑に草木灰をまいておく
酸性の土では育ちにくいので、草木灰などをまいて、中和しておきます。

① 畑づくり・種まき

夏まきの場合は気温が寒くなっていくのでマルチ、トンネルで防寒します。

畝を立てる
堆肥、草木灰、ボカシを入れ、立てた畝にマルチを。

種をまく
ひと穴に数粒ずつまき、土は薄くかけておきます。

② トンネルがけ・間引き

株が大きくなっていくので、本葉が4～5枚のころに間引きが必要です。

元気なものを残す
種まき後、トンネルをかけ、1株だけ残して間引きます。

③ 収穫

わき芽を残して摘みとると、その後、わき芽が次々に伸びてきます。

 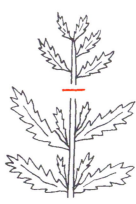

長期間収穫できる
次々に伸びてきたわき芽を順次、収穫していきます。

葉菜類 / シュンギク

教えましょう！ ラクして大収穫できるアイデア【シュンギク編】

Idea 種をとろう

花を楽しんだあとは種とりを
名前のとおり、春にきれいな花を咲かせます。株の一部を残しておいて花をそのままにしておくと種がとれるので、翌年の種まき用にしましょう。

完全に乾いたら粒をはずしていきます。

息をふきかけるとゴミがとんで、種だけ残ります。

| 葉菜類 | アブラナ科 | ★☆☆ |

チンゲンサイ
bok choy

🌱 **初心者におすすめの品種**
シャオパオ（サカタのタネ）、青帝（サカタのタネ）

栽培のポイント
・栽培期間はコマツナなどよりやや長いが、早めに収穫すればミニチンゲンサイとして食べられる。
・防虫ネットのトンネルなどで害虫対策を。

栽培スケジュール
■ 育苗　■ 種まき　■ 収穫

1	2	3	4	5	6	7	8	9	10	11	12
		春まき					夏まき				

気をつけたい害虫
アブラムシ、ハダニ、ヨトウムシ

基本的な植え方
畝の幅：70cm
高さ：10cm
株間：15cm
条間：15cm

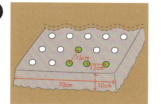

よくある失敗を防ぐコツ

株が太くならない

コツ❶

間引きが遅くならないように
間引きが遅れると、それぞれの株が大きく育ちません。本葉が1〜2枚になったタイミングで間引きましょう。

コツ❷

状態をみて追肥をする
元肥がしっかり入っていれば追肥不要ですが、生長がよくないようなら様子を見ながら液肥やボカシを与えましょう。

1 畑づくり

連作障害がある野菜なので、堆肥、肥料をたっぷり入れて土づくりをします。

肥料を施す
堆肥、草木灰、ボカシをまいて、表土を混ぜ合わせます。

畝を立てる
畝を整えて、マルチをかけます。

2 種まき

土が乾燥していると発芽しにくいので、雨が少ないときは水をたっぷりと。

植え穴
植え穴をあけます（道具を使いましたが、指でも可）。

土を薄くかける
ひと穴に数粒ずつ種をまき、薄く土をかけます。

3 畑の管理

種をまいたらすぐにトンネルがけを。虫だけでなく乾燥も防ぎます。

トンネルをかける
トンネルをかけるか、寒冷紗をベタがけします。

4 収穫

種まきから約40日で収穫できます。草丈20cmくらいがとりごろ。

根元を切って収穫
尻が張ってきたら、根元を切って収穫します。

好みの大きさで
調理目的によって、好みの大きさで収穫を。

葉菜類

チンゲンサイ

| 葉菜類 | アブラナ科 | ★☆☆ |

ミズナ
potherb mustard

- 初心者におすすめの品種
  清流みず菜（みかど協和）、サラダ京水菜（トーホク）
- バリエーションを楽しめる品種
  紅法師（タキイ種苗）

栽培のポイント
・肥料が多すぎると葉が硬くなる。
・種まき後は防虫ネットなどで害虫対策を。
・必要に応じて少しずつ収穫も可。

栽培スケジュール

1	2	3	4	5	6	7	8	9	10	11	12

気をつけたい害虫
アブラムシ、ハダニ、ヨトウムシ

基本的な植え方

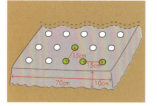

畝の幅：70cm
高さ：10cm
株間：15cm
条間：15cm

よくある失敗を防ぐコツ

葉が硬くなる

コツ❶

肥料をやりすぎない

肥料が効きすぎると葉が硬くなります。元肥はほかの野菜よりもやや少なめに施すとよいでしょう。

コツ❷

適期に収穫する

生食用なら小株のうちに早めの収穫を。加熱用も収穫が遅れると葉が硬くなります。

1 畑づくり

肥料が多すぎると葉が硬くなるので、前作の肥料が残っているときは不要です。 コツ❶

肥料を施す
ボカシ、草木灰をまき、表土を混ぜ合わせます。

マルチをかける
畝を立てて、マルチをかけます。

2 種をまく

植え穴に数粒ずつまいて、指で土をかけて押さえます。

種をまく
種をひと穴に数粒ずつまき、指で軽く押さえます。

トンネルをかける
種まき後、防虫トンネルか不織布のベタがけをします。

3 収穫

サラダ用には草丈20〜25cm、加熱用には30cmで収穫するとよいでしょう。

用途に応じて収穫
生食用か加熱用かで収穫時期を決めましょう。
コツ❷

ハサミか包丁で切る
ひと穴の茎をすべて握って、根元から切りとります。

 教えましょう！

ラクして大収穫できるアイデア
【ミズナ編】

Idea ソラマメと同時に植える

お互いを守りながら育つ

ミズナはポットで育苗し、ソラマメの苗を挟むように植えつけます。厳冬期はミズナがソラマメを守りながら株を大きくしていきます。

葉菜類 / ミズナ

| 葉菜類 | アブラナ科 | ★☆☆ |

タアサイ
tatsoi

🌱 初心者におすすめの品種
タアサイ（サカタのタネ）

多く／ふつう／強い／ふつう／苗・種／強い／中和

栽培のポイント
・種まき直後はまだ暖かいので害虫被害に注意する。
・間引きをしながら株間を十分にあける。
・冬の間じっくり育てることで甘みが増す。

栽培スケジュール
■育苗　■種まき　■収穫

1	2	3	4	5	6	7	8	9	10	11	12
	春まき										

気をつけたい害虫
アブラムシ、ハダニ、ヨトウムシ

基本的な植え方

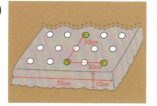

畝の幅：70cm
高さ：10cm
株間：30cm
条間：30cm

🥦 よくある失敗を防ぐコツ

葉が大きく広がらない

→

コツ ❶

株間を順次広げる

間引きをしながら株間を広げ、最終的には30cmを確保しましょう。十分なスペースがあれば葉がロゼット状に広がります。

① 畑づくり

冬は葉が這うので、泥はね予防のため、畝にマルチをかけておくのがおすすめ。

畝を用意する
堆肥、草木灰、ボカシを入れて表土を混ぜ合わせ、畝を立ててマルチをかけます。

② 種まき

葉が大きく広がるので、マルチの穴は1つおきに使います。 コツ❶

ひと穴に数粒ずつ
指先で植え穴をあけ、種をまきます。

軽く押さえる
指の腹で薄く土をかけ、軽く押さえます。

③ 間引き・収穫

本葉数枚のときに1本に間引き、種まきから2カ月くらいで収穫できます。

間引く
本葉が数枚になったら1本に間引きます。

葉をかきとっても
1株ずつ根元から切りとるほか外葉からかきとっても。

教えましょう！
ラクして大収穫できるアイデア
【タアサイ編】

Idea-1 移植栽培を

間引いたものは食べるほか、畑のあいたところ、収穫が終わったところなどに移植して育てるとよいでしょう。

移植に強いので、そこでも大きくなります。

葉菜類　タアサイ

| 葉菜類 | キク科 | ★☆☆ |

レタス
lettuce

初心者におすすめの品種
オリンピア（みかど協和）、マノア（タキイ種苗）

バリエーションを楽しめる品種
レッドインパルス（みかど協和）

多く／ふつう／弱い／ふつう／苗で／弱い／中和

栽培のポイント
・植えつけ後は防虫ネットのトンネルかベタがけを。
・水を好むが過度な水やりは禁物。
・結球後は雨に当たると腐りやすいので早めに収穫を。

栽培スケジュール
■育苗　■植えつけ　■収穫

1	2	3	4	5	6	7	8	9	10	11	12
春まき／夏まき

気をつけたい害虫
アブラムシ、ハダニ、ヨトウムシ、ナメクジ

基本的な植え方
畝の幅：70cm
高さ：10cm
株間：30cm
条間：45cm

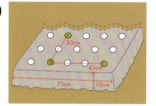

よくある失敗を防ぐコツ

葉が腐ってしまう

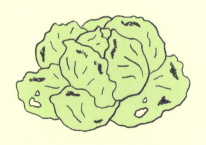

コツ❶ 水はけのよい土に
葉が土の水分で腐るのを避けるため、堆肥を十分に入れて、水はけのよい畑をつくっておくことが大切です。

コツ❷ 雨に当てない
結球が始まると特に雨で腐りやすいので、防虫目的のトンネルは収穫時までかけたままにしておくとよいでしょう。

① 畑づくり

レタスは肥料を好むため、たっぷりと堆肥を入れて土づくりをします。

元肥をたっぷり施しておけば、追肥の必要はありません。収穫までの栄養分を補えるように施肥を。アブラムシがつきやすいので、アブラムシが嫌うシルバーマルチを使うと効果的です。 **コツ ❶**

肥料を施す
堆肥、草木灰、ボカシをたっぷり入れ、表土をよく混ぜ合わせます。

畝を立てる
図の大きさの畝を立て、レーキなどで平らにならします。

マルチをかける
立てた畝にマルチをかけます。

② 植えつけ

育つのに水分を多く必要とするので、植えつけ後はたっぷり水やりを。

本葉が4〜5枚になった苗を植えつけます。レタスは高温を嫌うので、夏まきの場合は、暑さが落ち着くのを待ちましょう。

植え穴をあける
穴あきマルチではない場合は、植え穴の土を左右にかき分けるようにして植え穴をあけます。

植えつける
苗を入れ、包み込むように土をかけます。

> **COLUMN**
> #### 種から育てるときはポットで育苗を
> ポットに種をパラパラまいて本葉が出たら1本ずつポットに移植し、ボカシを与えて育苗します。
>
>

葉菜類

レタス

③ トンネルがけ

植えたらすぐに防虫ネットのトンネルをかけます。

春まき、夏まきとも、植えつけ後は虫が多い時期です。植えつけたらすぐに防虫トンネルを。植えつけ後、雨が少ないときは水やりをしておきましよう。

トンネルをかける
支柱を約1mごとにアーチ状に挿し、上から防虫ネットをかけます。

トンネルの上から水やり
植えつけ直後は特に乾燥に注意します。水やりをするときは、トンネルの上からで大丈夫です。

④ 収穫

レタスは植えつけから50～60日後が収穫の目安です。

結球するものは株元から切りとって収穫します。結球しないものは、株元から切りとっても外葉からかきとって収穫してもよいでしょう。

コツ ❷
雨に当てないようにする
収穫適期を過ぎて雨に当たると腐りやすいので、雨が多いときは早めに収穫を。

COLUMN
いろいろな品種を楽しもう

玉レタスと非結球のリーフレタスは栽培期間が違うので、いろいろな種類を組み合わせて植えると、長期間収穫が楽しめます。

教えましょう！

ラクして大収穫できるアイデア
【レタス編】

Idea-1 種まきのときは土をかけない

土をかけないほうが発芽率がよい

種から苗を育てるとき、種をまくときはまず、大きめのポットにバラまきをしますが、土はかけないでおきましょう。このほうが発芽率がよいからです。

ポットにパラパラと種をまきます。

Idea-2 花を咲かせて採種を

自分で採種したものを翌年の種に

株の一部をそのままにしておくと5月には花が咲きます。綿帽子がついたら刈りとって乾燥させ、十分に乾いたら手でもみ、ふるいにかけてからゴミをふきとばします。

採種した種はびんや小袋に入れて冷蔵庫で保管します。

葉菜類

レタス

🚩 初心者でもカンタン！ 混植リレー栽培術

4月の畑

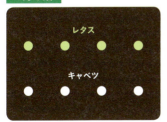

レタスとキャベツはコンパニオンプランツの関係にあるとされ、混植するとキャベツにモンシロチョウが寄りにくくなります。レタスがとれたあとキャベツが畝いっぱいに生育します。

6月の畑

6月から8月までの畑にはゴマがピッタリです。ゴマが伸びるまでの間にコマツナなどの菜っ葉が収穫できます。

| 葉菜類 | セリ科 | ★★☆ |

セロリ
celery

🌱 **初心者におすすめの品種**
トップセラー（タキイ種苗）

ふつう／多め／強い／多い／苗で／ふつう／中和

栽培のポイント
・肥料を必要とするので、元肥も追肥もたっぷりと。
・株が大きく育つので、十分に株間をあける。
・強い日差しや乾燥を嫌うので遮光や水やりを。

栽培スケジュール
■育苗　■植えつけ　■収穫

1	2	3	4	5	6	7	8	9	10	11	12

気をつけたい害虫
アブラムシ、キアゲハ、ヨトウムシ

基本的な植え方
畝の幅：70cm
高さ：10cm
株間：30cm
条間：45cm

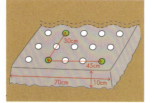

よくある失敗を防ぐコツ

株が大きくならない

→

コツ❶
乾燥しないようにマルチをかける
乾燥を嫌うため、マルチをかけておくとよいでしょう。日当たりのよすぎるところはできるだけ避けて植えるようにします。

コツ❷
水を切らさない
水を好むので、水切れを起こさないようにします。晴天が続くときは、水やりを兼ねて液肥を与えるとよいでしょう。

① 畑づくり

肥料はたっぷり入れ、株が大きくなることを考慮して広めの畝をつくります。

肥料を施す
堆肥、草木灰、ボカシを入れて混ぜ合わせます。

コツ❶

畝を立てる
図のように畝を立て、マルチをかけます。

② 植えつけ

株間は30cmあけて植えつけます。植えつけ後、雨が少ないときは液肥を。

苗を仮置きする
マルチの上に苗を仮置きします。

コツ❷

植えつける
本葉が7～8枚になった苗を植え、トンネルをかけます。

③ 収穫

植えつけから3～4カ月、草丈が30～35cmくらいが収穫適期です。

株ごと収穫する
株元を切って収穫するほか、外葉からかきとっても。

種もとれる
レースフラワーのような花を楽しんだら種とりも。

葉菜類 セロリ

 教えましょう！

ラクして大収穫できるアイデア
【セロリ編】

Idea-1 白い茎のセロリをつくる

家庭菜園でも白くできる
収穫の3週間前から、株のまわりを遮光シートで覆うことで、白い茎のセロリにできます。

遮光シートで覆う
遮光シートで覆ったら、ガムテープでしっかりとめて、遮光をします。

白い茎に
3週間後、遮光シートをはずすと、白い茎のセロリが現れます。

葉菜類　ユリ科　★★☆

タマネギ
onion

- 初心者におすすめの品種
  O・P黄（タキイ種苗）、アトン（タキイ種苗）
- バリエーションを楽しめる品種
  湘南レッド（サカタのタネ）

栽培のポイント
・水はけのよい畑に植える。
・苗をしっかり育ててから植えつける。
・葉茎が倒れてきたら収穫する。

栽培スケジュール
■ 育苗　■ 植えつけ　■ 収穫

1	2	3	4	5	6	7	8	9	10	11	12
					収穫			育苗	育苗	植えつけ	

気をつけたい害虫
アブラムシ、ハダニ、ヨトウムシ

基本的な植え方
畝の幅：70cm
高さ：10cm
株間：15cm
条間：15cm

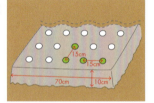

よくある失敗を防ぐコツ

実の大きさがバラバラ

→

コツ❶

太すぎる苗は使わない
植えつける苗は鉛筆よりやや細いものを。太すぎたり細すぎたりするものを植えると大きさがまばらになり、品質も劣ります。

コツ❷

太さを分別する
苗は太さで分別し、太いもの同士、細いもの同士を隣り合うように植えつけると、全体に大きめの玉に育ちます。

① 苗づくり

苗床をつくって、種まきから始めます。草丈20〜25cmまでここで育てます。

種をまいて育てる野菜栽培と同様に苗づくりを行えますが、手間を避けたいなら市販の苗を植えつけても構いません。種が雨で流されないように、種まき後、不織布をベタがけしておくとよいでしょう。

畝をつくる
水はけのよい場所を耕して畝を立てます。マルチはかけなくてもOK。

種をまく
マルチの穴またはまきすじにパラパラと種を落とし、薄く土をかけて軽く押さえます。

発芽したら施肥
4〜5日で発芽してくるので、その後、ボカシを少量、マルチ穴にまきます。

② 植えつけ

草丈20〜25cm、茎の太さ5〜6mmになったら掘り上げて、植えつけます。

コツ❶　コツ❷

苗が十分に育ったら掘り上げ、茎の太いもの、細いものに分別します。茎の太さが10mm以上になると春にネギ坊主が出て硬くなりやすいので、5〜6mmのものを使います。植えつけ後はたっぷり水やりを。

苗を掘り上げる
育苗した苗を、根を傷めないように掘り上げます。

畝の準備をする
草木灰、ボカシを入れて耕し、図の大きさの畝を立て、マルチをかけます。

植えつける
深めに掘った植え穴に根がまっすぐに伸びるように入れ、株元がぐらつかないように軽く土を寄せます。

葉菜類 / タマネギ

③ トンネルがけ

春に球の肥大をよくするのに冬越しのトンネルは有効です。

必ずしもトンネルがけの必要はありませんが、丸々と太ったタマネギにするなら、冬の間はポリフィルムでトンネルがけをして保温しておくことをおすすめします。

トンネルをかける
苗を植えつけてから、年末年始の寒波がやってくる前に、トンネルをかけ終えておきましょう。

換気穴をあける
温度が上がりすぎないように、ポリフィルムには換気用の穴をあけておきます。

> **COLUMN**
> **マルチを利用しないときは**
> 植え溝を掘り、壁に立てかけるように苗を置きます。根づいてから条間にボカシをまきます。
>
>

④ 追肥

保温されている間に追肥をすることで、球が太るのを助けます。

12〜5月までの間は、月に1回のペースで肥料を与えます。トンネルをそのたびにあけなくても、換気用の穴から施肥ができます。

追肥をする
植え穴にボカシをふります。または液肥をやってもよいでしょう。

> **COLUMN**
> **ホームタマネギ栽培もおすすめ**
>
>
>
> ホームセンターなどで8月中旬から出回る小球のホームタマネギの苗を、マルチをかけた畝に植えます。
>
>
>
> 水やりを兼ねた液肥を与えながら育て、12月初旬には収穫ができます。
>
>
>
> 初夏に収穫したもののうち、小球だったものを利用すれば、おいしい葉タマネギができます。

⑤ トンネルはずし

暖かくなってくる4月ごろ、トンネルをはずします。

トンネルの中のタマネギは3月下旬から大きくなり始めます。暖かくなる4月に入ったころにトンネルをはずします。それからは球が急速に大きくなっていきます。

トンネルをはずす
暖かくなったら、ポリトンネルをはずします。

葉茎が青々と育っている
フィルムをはずすと、その下では青々とした葉茎が育っています。

⑥ 収穫と保存

5月下旬～6月中旬ごろに収穫時期を迎えます。葉茎が倒れてきたらそのサイン。

畑のタマネギの6割以上の葉茎が倒れていたら収穫時期。葉が光合成をしてつくった栄養分が球に十分に蓄えられた証拠です。4～5月ごろの葉茎が倒れる前のものを葉タマネギとして食べることも可能です。

葉茎が倒れたら収穫を
晴れの日が続くときに、茎の根元を持って引き抜きます。収穫が遅れると腐りやすくなります。

その場に広げて乾燥させる
引き抜いたタマネギはその場に広げ、半日乾燥させます。

保存する
葉を切り落とし、皮をむいて数個まとめてひもで束ね、雨が当たらない風通しのよい日陰で吊るして保存します。

葉菜類　タマネギ

教えましょう!

ラクして大収穫できるアイデア
【タマネギ編】

Idea-1 大きさ順に植えつける

大きさを揃えると生長がよくなる

苗床から苗を掘り上げたときに大きさ別に分別しておきます。大きさの揃ったもの同士を同じ区画に植えると、小さかったものも大きく育ちます。

コツ❷

苗を大きさ別に分けておくのがポイントです。

Idea-2 雑草はそのままに

冬の間は雑草と同居させて防寒

苗を植えつけたあと、マルチの穴から苗のほかに雑草も生えてきます。冬の間は抜かずにおくことで防寒に。3月になったら雑草は抜きとります。

雑草が株元を保温してくれます。

🚩 初心者でもカンタン！ **混植リレー栽培術**

4月の畑

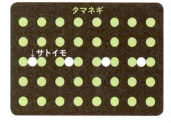

タマネギ
↓サトイモ

タマネギは前年の9月に種をまいて11月に苗を1本ずつ移植します。4月には旺盛に葉が伸びますが、その間にサトイモの種イモを、芽を下に逆さ植えしておくとタマネギの収穫のころ芽が出ます。

6月の畑

サトイモ

タマネギの収穫が終わったら、マルチをはいでサトイモに土寄せをして、その後も2回程度土寄せをくり返して晩秋に収穫します。

| 葉菜類 | ユリ科 | ★★☆ |

ナガネギ
weish onion

🌱 **初心者におすすめの品種**
長悦（みかど協和）、金長（みかど協和）

🌱 **バリエーションを楽しめる品種**
下仁田（サカタのタネ）

多く / ふつう / 弱い / ふつう / 苗で / ふつう / 中和

栽培のポイント
・植えつけてから2週間は肥料を施さない。
・土寄せをくり返すことで高畝をつくる。
・冬は畑でそのまま保存できる。

栽培スケジュール ■育苗 ■植えつけ ■収穫

1	2	3	4	5	6	7	8	9	10	11	12

春まき / 秋まき

気をつけたい害虫
アブラムシ、ヨトウムシ

基本的な植え方
畝の立て方はp.150の②のイラストを参考に、植えつけ方はp.151の③を参考にしてください。

葉菜類

タマネギ／ナガネギ

 よくある失敗を防ぐコツ

ネギが太くならない

→

コツ ❶
早い時期から土寄せしない
十分に葉が伸びていないうちに土寄せをしてしまうと、その後の生長が悪くなります。分けつ部が上がってきてからに。

コツ ❷
土寄せのときに施肥も行う
土寄せをするときにボカシをまき、土を混ぜるようにして株元にかけると、同時に追肥が行えます。

① 苗づくり

種をまいてから植えつけられる苗になるまで約3カ月かかります。

種をまいてから長さが30～40cmになるまで苗床で育てます。肥料もいらず、手間はかかりませんが時間がかかり、この間、苗床分のスペースが埋まってしまいます。市販の苗を利用すれば手軽です。

苗床を用意し種をまく

マルチの穴に10粒ほどの種をまきます。

押し込む

指で軽く押すか、穴あけとんとん（p.10）で深さ1cmほど押し込みます。

土をかける

土をかけます。ここではもみ殻くん炭（p.22）を土代わりにかけました。

② 畑づくり

ナガネギを栽培するときの畝は、ほかの野菜とは違って溝を掘ります。

クワ幅で深さ30cmの溝を掘ります。この中に苗を植えつけます。掘る前に施肥はしません。2列で植えたいときは条間を60cmとります。掘り上げて出た土は片側に積んでおきます。

溝を掘る

下のイラストのように、クワで溝を掘ります。

土は片側に

溝を掘ったときに出た土は片側に積んでおきます。

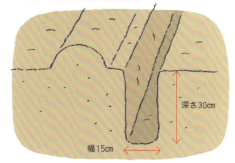

深さ30cm
幅15cm

3 植えつけ

掘った溝の片側の壁に立てかけるようにして、苗を入れます。

苗を入れたら軽く土をかけ、堆肥やワラ、ほかの野菜の残さなどふわふわした軽いものを元肥代わりに入れ、根づくのを待ちます。ネギの根は酸素を多く求めるので土は軽めにしながら、根の乾燥を防ぎます。

苗を掘り上げる
長さ30〜40cmになったら、苗を苗床から掘り上げます。

苗を大きさ順に並べる
大きさ順に植えると、大きく育ちやすいので、植える順に並べておきます。

苗と堆肥を入れる
穴の片側に苗を入れて、倒れない程度に株元に土を入れ、堆肥、ワラ、残さなどを土の上にふわっとかぶせます。

4 施肥・土寄せ

植えつけから約2週間後、入れた苗が根づいたら追肥をします。

条間にボカシをふり、レーキで表土と混ぜながら株元に土寄せをします。葉が分かれているところ（分けつ部）は生長点なので、土で埋まらないように注意しましょう。

コツ ①

コツ ②

最初の土寄せ
ボカシをまいて、表土と混ぜながら土寄せをします。分けつ部が上がってきたら再び土寄せを。

土寄せは3〜4回
収穫まで同様にして3〜4回土寄せをします。

葉菜類

ナガネギ

⑤ 収穫

春まきなら11月ごろが収穫期ですが、それまでの間、適宜、収穫できます。

土寄せをするたびに軟白部が長く伸びてきます。軟白部が十分伸びて太くなったら収穫適期。ただ、何回か土寄せしている間も食用は可能です。必要に応じて収穫してもよいでしょう。

土の中では軟白部が生長
土の中では左の写真のように軟白部が育っています。

> **COLUMN**
> **ネギ坊主ができたら種とりを**
>
>
>
> ネギ坊主ができたらそのままにしておくと種ができます。種が黒褐色になったらとってほぐして採種し、保管を。

ワケギを育てるときの注意点

株元を残して収穫すると、何回か収穫が可能です。

ワケギはナガネギとタマネギの交雑種です。栽培スペースをとらないので、畑のあいているところに植えておくことも可能です。植えつけのときに元肥を入れておきましょう。

植えつける
初秋に種球を植えつけます。冬は地上部が枯れますが、春になると芽吹いてきます。

収穫する
長さが20～30cmになったら収穫します。株元を残して葉だけ切りとれば、また葉が伸びてきて収穫できます。

教えましょう！

ラクして大収穫できるアイデア
【ナガネギ編】

Idea-1 板で挟んで栽培すれば土寄せ不要

板で囲ったすき間でナガネギを育てる方法は、手間がかからず省スペースで栽培が可能です。

1 板の手前に植え穴をあけます。

2 あけた穴に1本ずつ苗を入れます。

3 手前に立てる板をしっかりとめつけるための杭を両端に立てます。

4 板をとりつける場所に合わせて置きます。

5 板を立てて、両端の杭としっかりとめ、ナガネギを挟みます。

6 苗が生長してきたら、抜きやすいように、手前の板をビニールに変えます。

葉菜類

ナガネギ

初心者でもカンタン！ 混植リレー栽培術

5月の畑

ナガネギは春に種をまいて育苗したもの、またはコンパニオンプランツとしてウリ科のそばに植えていたものを5cm間隔に落とし植えすると、横でホウレンソウなどが栽培できます。

7月の畑

地上部が伸び始めたら通常植えと同様に土寄せをするか、板枠で囲っても軟白部をつくるのは容易にできます。板枠で囲えばさらに横で菜っ葉などを栽培することもできます。

| 葉菜類 | ユリ科 | ★☆☆ |

ニンニク
garlic

🌱 初心者におすすめの品種
ホワイト六片（トキタ種苗）

多く / 多め / 強い / ふつう / 種球 / ふつう / 中和

栽培のポイント
・栽培期間が長いので、元肥を十分施す。
・種球は1片ずつ植える。
・つぼみは早めに摘みとる。

栽培スケジュール
■育苗 ■植えつけ ■収穫

1	2	3	4	5	6	7	8	9	10	11	12
					■収穫			■植えつけ			

気をつけたい害虫
アブラムシ、ハダニ、ヨトウムシ

基本的な植え方
畝の幅：70cm
高さ：10cm
株間：15cm
条間：15cm

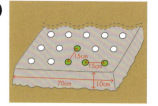

🧄 よくある失敗を防ぐコツ

球が小さい

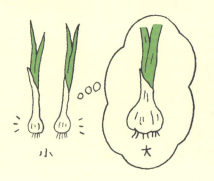
小 / 大

➡

コツ❶
冬の間も追肥をする
冬の間は生長が止まって休眠していますが、月に1回くらいは液肥を与えるとよいでしょう。

コツ❷
摘蕾する
収穫間際になるとつぼみが伸びてきますが、球を太らせるため、早めに摘みとっておきましょう。

1 畑づくり

たっぷり肥料を施して、雑草よけのマルチをかけておきます。

肥料を施す
堆肥、草木灰、ボカシを入れて表土を混ぜます。

畝を立てる
図の大きさの畝を立て、マルチをかけます。

2 植えつけ

種ニンニクは1片ずつ分けて植えつけ、たっぷり水を与えます。

1片ずつに分ける
植えつける前に1片ずつに分けておきます。

植えつける
とがったほうを上にして、押し込むように植えます。

3 追肥

植えつけから1カ月後、芽が出揃ったら液肥を与えます。

コツ ❶

追肥をする
芽が出揃ったあとは月に1回、肥料を与えます。

厳冬期は葉が枯れる
寒くなると地上の葉が枯れますが心配ありません。

4 収穫・保存

葉が枯れてきたら収穫適期です。晴れた日に収穫します。

収穫する
株の根元を持って引き抜きます。

保存する
茎を少し残して切り、数個束ねて吊り下げ保存を。

| 葉菜類 | アブラナ科 | ★★☆ |

ブロッコリー
カリフラワー
broccoli, cauliflower

🦋 **初心者におすすめの品種**
ジェットドーム（みかど協和）、しげもり（みかど協和）

🦋 **バリエーションを楽しめる品種**
カリフローレ（トキタ種苗）、名月（みかど協和）

多く　多め　強い　ふつう　苗で　弱い　中和

栽培のポイント
- 堆肥をたっぷり入れた畑づくりをしておく。
- 防虫ネットのトンネルなどで害虫予防策が必要。
- 頂花蕾(ちょうからい)のあと、側花蕾(そくからい)も次々と収穫できる品種も。

栽培スケジュール ■育苗 ■植えつけ ■収穫

1	2	3	4	5	6	7	8	9	10	11	12
	春まき										
				夏まき					頂花蕾収穫		
早春まき（温床育苗）											

気をつけたい害虫
アブラムシ、ハダニ、ヨトウムシ

基本的な植え方
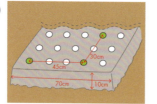
畝の幅：70cm
高さ：10cm
株間：30cm
条間：45cm

よくある失敗を防ぐコツ

害虫被害がひどい

→

コツ❶
防虫ネットのトンネルをかける
蝶や蛾が飛んできて産卵するのを防ぐため、トンネルは効果大です。特に生育初期は害虫対策をしっかりとしましょう。

コツ❷
まめにチェックする
トンネルをかけてもヨトウムシなどがすき間から入り込むことも。畑に行くたびに見回りをしてチェックしておきましょう。

① 苗づくり

種から育てたい場合の手順を紹介します。
時期になれば市販の苗も出回ります。

苗床への直まきよりも、ポットでの育苗のほうが確実に育てられます。移植の手間などは多少かかりますが、苗の傷みなく定植できます。ネコブ病耐性の品種がおすすめです。

種まき

1 種をまく
12cmの育苗ポットに培養土を入れ、種を20～30粒くらいパラパラとまんべんなくまきます。

2 土をかける
種の上から土を厚さ5mmくらいかけます。

3 軽くならす
表面を指で軽く押さえながら、ならします。

4 本葉が見え始める
7日たつと本葉が見えてきます。

移植

1 1本ずつ移植する
本葉が見え始めたら、小さめのポットに1本ずつ移植します。

2 ボカシをまく
移植したポットにボカシをまきます。

3 水やりをする
本葉が4～5枚になるまで、水をやりながら育苗します。

4 植えつけ時期の目安
本葉4～5枚で、ポットの下から根が見えてきたら植えつけ時期です。

葉菜類

ブロッコリー・カリフラワー

② 畑づくり

連作障害を避けるため、たっぷり堆肥とボカシを入れて土づくりをしましょう。

堆肥、草木灰、ボカシを入れて畝を立てます。マルチはかけてもかけなくてもできますが、除草が手間な場合は、マルチをかけたほうがラクでしょう。

畝を立てる
堆肥、草木灰、ボカシをまいて表土を混ぜ合わせ、レーキで平らにならします。

マルチをかける
写真のようにマルチをかけ、周囲を土で押さえます。

③ 植えつけ

育苗した苗または市販の苗を、根鉢を崩さないように植えつけます。

ブロッコリーの苗は同じアブラナ科のキャベツなどに比べて根がつきにくいので、植えつけ前に植え穴に液肥を入れるか、植えつけ後、水をたっぷりやるとよいでしょう。

注意深く苗を抜きとる
苗を傷つけないよう、ポットから注意深く抜きとりましょう。

やさしく植えつける
植え穴を手で掘り、苗を入れたら包み込むように土をかぶせます。

たっぷり水やりをする
植えつけたら、たっぷりと水を与えます。植えつけ時は苗が寝ていますが、すぐに元気になって起きてきます。

④ トンネルがけ

ブロッコリーは蝶や蛾の幼虫が好む野菜。産卵されないように対策を。

植えつけたらすぐに防虫ネットのトンネルをかけるか、不織布で覆っておきましょう。より効果が高いのはトンネルですが、トンネルをかけたからと安心せず、すき間から虫が入り込んでいないかまめに確認を。

コツ❶ トンネルをかける
支柱を約1mごとにアーチ状に挿し、上から防虫ネットをかけます。

COLUMN
虫・鳥対策をしっかり行おう

コツ❷ ヨトウムシは葉裏に産卵するので、葉裏もしっかりチェックしましょう。

2～3月になるとヒヨドリの食害が急増します。収穫までトンネルをかけておいたほうが安心です。

ヒヨドリに葉をこんなに食べられた

⑤ 収穫

頂花蕾が直径15cmになったらとりどきです。花粒が開かないうちに収穫します。

頂花蕾が見えてきたらあっという間に大きくなります。とり遅れないようによく観察を。頂花蕾を収穫したあとは、わきから側花蕾がたくさん伸びてくるので、追肥をしながら収穫を楽しみましょう。

頂花蕾（上部にできたもの）を収穫する
頂花蕾は包丁で切りとります。収穫適期を過ぎると花粒が開いたり、黄色くなったりして味が落ちます。

側花蕾（わきから出るもの）は追肥をしながら収穫
頂花蕾を収穫したあとも側花蕾が次々と伸びてきます。液肥を与えながら、長く収穫を楽しみましょう。

カリフラワー

カリフラワーもブロッコリーと同じように育てることができます。花蕾が直径10cmになったら外葉で包み、ひもで縛っておくと、より白い花蕾になります。カリフラワーには側花蕾は出ません。

追肥をしながら育てる
ブロッコリーと同じように育てますが、様子をみながらボカシや液肥を与えます。

白い花蕾が見えてくる
緑の葉の間から白いきれいな花蕾が見えてきます。

こんなに大きく育ちました
写真はスティックカリフラワー「カリフローレ」。こんなに大きく育ちました。

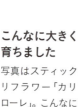

茎をばらしたもの

スプラウト

手軽にできる！

秋〜冬に育てたブロッコリーをそのままにしておくと、花が咲いて6月ごろに種ができます。この種をまくと、ブロッコリースプラウトにすることができます。

1　春に収穫が終わったブロッコリーをそのまま畑に置いておくと、再び花が咲き、種ができます。

2　自家採種したブロッコリーの種。

3　畑のあいたスペースに木枠（底はない）を置いて、種をまきます。

4　パラパラとまいたら薄く土をかぶせます。

5　暖かい時期なら10日ぐらいで食べられるように。木枠をとり、ハサミで切って収穫します。

ラクして大収穫できるアイデア
【ブロッコリー・カリフラワー編】

Idea-1 多彩な品種で長期間、収穫を楽しもう

ブロッコリー
ブロッコリーは収穫後、傷みやすいので同品種を一度に植えるよりは収穫期の異なる品種を少しずつ、段階的に植えていくと長く楽しめます。

カリフラワー
品種が多様化してきたため、収穫時の違いだけでなく、形状の違いも楽しめます。

上段左：スピードドーム052。種まきから80〜85日で収穫できる超早生種。おもに頂花蕾を収穫します。上段右：ジェットドーム：同じく超早生種で暑さに強い。下段：ゆめもり。種まきから100日前後で収穫する中早生種。側花蕾も楽しめます。

上段左：名月。植えつけ後45日前後で収穫できる超早生種。上段右：カリフローレ。植えつけ後65日前後で収穫。スティック状で1株から数十のスティックがとれます。下段：スノークラウン。植えつけ後70日で収穫する早生種。

初心者でもカンタン！ 混植リレー栽培術

5月の畑
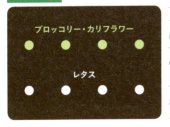

ブロッコリーやカリフラワーも夏まきのほか春まきができます。2月の温床育苗の苗は3月彼岸ごろまでに植えると5月下旬から6月上旬に収穫できます。レタスは先にとれます。

7月の畑
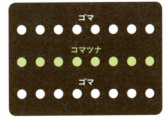

ブロッコリーやカリフラワーの収穫が終わった次はゴマが適しています。あらかじめ苗をつくっておけばリレー栽培はスムーズに移行できます。大きくなるまでコマツナがとれます。

| 葉菜類 | ユリ科 | ★★☆ |

アスパラガス
asparagus

🌱 **初心者におすすめの品種**
ウェルカム（サカタのタネ）

🌱 **バリエーションを楽しめる品種**
パープルウェルカム（サカタのタネ）

栽培のポイント
・種からではなかなか収穫できないので2年苗を。
・とれ始めると10年ぐらい毎年とれる。
・6月以降は収穫せず翌年の養分を蓄える。

栽培スケジュール
■ 育苗　■ 植えつけ　■ 収穫

1	2	3	4	5	6	7	8	9	10	11	12
		翌年									

気をつけたい害虫
アブラムシ、ジュウシホシクビナガハムシ、ヨトウムシ

基本的な植え方
根を広げると直径60cmくらいになるので、その程度の穴が必要。深さは10cm。複数植えは株間60cm。

育て方
一度植えたら10年くらい、毎年収穫できます。

市販苗を植える
種から育てると2～3年収穫できないので、市販の2年苗を植えつけます。

1年めは株の養生
植えつけた年に出た芽は収穫はせず、葉を茂らせて株の養生につとめます。

刈りとる
秋になったら、株元から刈りとります。

収穫する
翌春出た芽を収穫します。毎年収穫するなら、6月以降の収穫は控えましょう。

| 葉菜類 | ユリ科 | ★★☆ |

ラッキョウ
shallots

🌱 **初心者におすすめの品種**
品種は特になし

🌱 **バリエーションを楽しめる品種**
品種は特になし

日：多く / 水：多め / 強い / 種：多い / 種球で / 強い / 酸性土

栽培のポイント
・種球を夏の終わりから9月にかけて植えつける。
・越冬後ボカシをふって追肥する。
・葉が枯れ始めたら収穫し、一部は種球として保存。

栽培スケジュール
■ 育苗　■ 植えつけ　■ 収穫

1	2	3	4	5	6	7	8	9	10	11	12
					収穫		植えつけ				

気をつけたい害虫
アブラムシ、ハダニ、ヨトウムシ

基本的な植え方
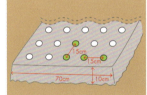
畝の幅：70cm
高さ：10cm
株間：15cm
条間：15cm

育て方
水はけのよい土地で育てます。マルチをかけなくてもつくれます。

前年収穫した残りを
種球は前年に収穫した残りを乾燥させておいたものでOK。

植えつける
水はけのよい場所にとがったほうを上にして5〜10cm間隔で押し込むように植えます。

収穫する
葉が枯れてきたら収穫できます。株元を持って引き抜きます。

| 葉菜類 | セリ科 | ★★☆ |

ミツバ
mitsuba

🌱 **初心者におすすめの品種**
増森系ミツバ (各社)

🌱 **バリエーションを楽しめる品種**
白茎ミツバ (各社)

多く／多め／強い／多い／種で／強い／酸性土

栽培のポイント
- 生育は湿気の多い半日陰が適している。
- 一度栽培すると種がこぼれて毎年出てくる。
- 伸びた葉を定期的に摘みとって収穫する。

栽培スケジュール

育苗　種まき　収穫

1	2	3	4	5	6	7	8	9	10	11	12
		種まき	種まき	収穫	収穫	収穫	収穫	収穫	収穫	収穫	

気をつけたい害虫
アブラムシ、ハダニ、ヨトウムシ

基本的な植え方
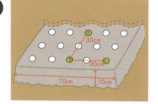

畝の幅：70cm
高さ：10cm
株間：30cm
条間：30cm

育て方
最初は生長が遅いので、雑草に負けないように育てます。

種をまく
施肥した畝に30cmごとに数粒ずつまき、発芽後は元気な株を残して間引きます。

雑草とりをこまめに
小さいうちはまめに周囲の雑草をとりましょう。マルチ栽培なら雑草とりの手間が省けます。

収穫する
草丈が15～20cmになったら根元を残して収穫。株間に追肥をしておけば次々と葉が出てきます。

| 葉菜類 | ショウガ科 | ★★☆ |

ミョウガ
myoga

🌱 **初心者におすすめの品種**
品種は特になし

🌱 **バリエーションを楽しめる品種**
品種は特になし

少なく／多め／強い／多い／苗で／強い／酸性土

栽培のポイント
・日陰でも地下茎を伸ばしどんどん育つ。
・花が咲く前に収穫する。
・冬に落ち葉堆肥などをのせておくとよい。

栽培スケジュール ■育苗 ■植えつけ ■収穫

1	2	3	4	5	6	7	8	9	10	11	12
		■	■		■	■	■	■			

基本的な植え方
地下茎を分けてもらうか、4月ごろに園芸店で販売される地下茎を入手します。日陰を好むので、キュウリやニガウリなどの株元などに植えます。特に肥料をやらなくても、毎年つぼみが出てきます。

育て方 あまり日の当たらないところを好みます。3〜4年ごとに株分けをするとよく育ちます。

植えつける
横に伸びている地下茎が根株に。木の陰や畑の隅などに植えておきます。

追肥をする
注意深くする必要はありませんが、腐葉土などをまいておけば、元気に育ちます。

収穫する
株元を少し掘ってみて、花茎があれば収穫します。

花が咲いたもの
花が咲くと風味が落ちるので、早めに収穫しましょう。

| 葉菜類 | シソ科 | ★★☆ |

シソ
shiso

🌱 **初心者におすすめの品種**
アカシソ、アオシソ（各社）

多く / 多め / 強い / 多い / 種で / 強い / 酸性土

栽培のポイント
・最初は種をまくか苗を植えつけて栽培する。
・9月に花が咲き、実がこぼれると毎年出てくる。
・適宜、葉または枝ごと摘みとり収穫をする。

栽培スケジュール
■ 育苗　■ 種まき　■ 収穫

1	2	3	4	5	6	7	8	9	10	11	12
		■	■		■	■	■	■	■		

気をつけたい害虫
アブラムシ、ハダニ、ヨトウムシ

基本的な植え方
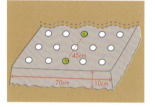
畝の幅：70cm
高さ：10cm
株間：45cm
・畝は特に立てなくてもよい。立てるときは右図。

育て方
最初に種をまけば、翌年からはこぼれ種からたくさん生えてきます。

種をまく
すじまきをして、ある程度大きくなったところで株間が45cmになるように間引きします。

収穫する
除草を兼ねて中耕するときにボカシをまくと、夏にたくさん側枝が伸びます。葉を摘みとって収穫を。

実も収穫して塩漬けなどに
初秋には、花のあとに穂になった実がふくらみます。穂を摘んで実をこそげとって利用します。

| 葉菜類 | ユリ科 | ★★☆ |

ニラ
Chinese chives

🌱 初心者におすすめの品種
大葉ニラ（サカタのタネ）、広巾ニラ（タキイ種苗）

栽培のポイント
- 最初は種をまいて栽培、2年目以降は株分けで。
- 多年草なので毎年出てくる。
- 適宜株元を切って収穫。真冬は被覆を。

栽培スケジュール
■ 育苗　■ 植えつけ　■ 収穫

1	2	3	4	5	6	7	8	9	10	11	12

気をつけたい害虫
アブラムシ、ハダニ、ヨトウムシ

基本的な植え方
畝を立ててもよいですが、一般には畑の隅に一列に植えておくことのほうが多いでしょう。

育て方
一度植えつけると、翌年からは株分けで増やせます。

植えつける
苗は2～3本ずつに分けて20～30cm間隔で植えつけ、軽く土寄せをしておきます。

初年は株の充実を
植えつけた年は、収穫はせず、株を大きく育てていきます。

収穫する
草丈が伸びたら、根元から5cm上をハサミで切って収穫します。花はつぼみのうちに摘みます。

> 福田流

Column.2

混植リレー栽培の1年間

1年間、畑をフル回転させて、めいっぱい収穫する「混植リレー栽培」。
季節の変化を見てみましょう。

春 春野菜の足元に夏野菜

収穫盛りのレタスの間にはトウモロコシの苗（写真左）。ダイコンの根元にはスイカの苗（写真右）を植えつけています。

夏 早くも秋冬野菜の準備

トマト、エダマメ、立体栽培のスイカと夏の野菜を次々と収穫しながら（写真左）、秋冬野菜の苗づくり、植えつけを行っています（写真右）。

秋 シーズンの変わり目

収穫直前のサトイモのそばでは、種まきをした秋冬野菜が防虫トンネルをかぶっています（写真左）。更新剪定（p.76）をした秋ナスの収穫も（写真右）。

冬 トンネル内は大にぎわい

マルチの列ごとに異なる葉もの野菜をまいておいたら、トンネルの中が葉もの野菜の見本市のよう。トンネルも増えていきます。

春の畑

貸し農園の利用開始は毎年3月中旬（施設によって異なるので問い合わせを）。土づくりと献立をしたその日のうちに、葉もの野菜の植えつけまで行います。一年間に使うヨモギ発酵液(p.28)やボカシ肥料(p.29)もこのころ仕込んでおきます。葉もの野菜も植えつけから1カ月もすると収穫が始まります。

春は、夏野菜の植えつけラッシュ。収穫を待っている葉もの野菜に守られて、夏野菜の苗が育っていきます。葉もの野菜を収穫し終えるころにはもう遅霜の心配もありません。夏野菜の植えつけ当初にかけていたトンネルをはずし、夏野菜の支柱を立て、夏野菜をどんどん大きく伸ばしていきます。このころから急に、畑が夏野菜仕様に変化します。

夏の畑

トマト、ナス、キュウリ、ピーマン、エダマメなどの定番夏野菜は、次々に収穫できるようになります。とれすぎてどうしようといううれしい悲鳴をあげながら、一方では害虫や病気との闘いも。畑に行くたびに野菜たちが元気かどうか確認します。害虫被害も病気も早期発見して対処することで、大きな被害にはなりません。同時に、春にたっぷり仕込んだヨモギ発酵液やスギナ汁(p.58)を薄めて、水やり代わりにたっぷり散布します。

スイカやメロンなど、夏のお楽しみも収穫していく一方で、秋野菜の苗づくりも始めます。晩夏には秋冬野菜の植えつけも始まります。終わろうとしている野菜の近くにこれから育つ野菜を植えるのが、混植リレー栽培のポイントです。

秋の畑

9月いっぱいまでトマト、ナス、ピーマンの収穫は続きます。少しずつ夏野菜を片づけながら、育てておいた秋冬野菜の苗も植えつけていきます。とはいえ、まだ害虫たちは元気いっぱい。植えつけたら防虫トンネルは必須です。台風がやってくることも多いので、トンネルなどは風でとばされないよう、天気予報にも注意します。秋冬野菜は間引き菜も楽しみます。

10月になるとイモ類を収穫し、植えつけていた秋野菜の収穫も始まります。夏野菜の支柱類を撤去して、畑はいよいよ秋冬野菜が主役に躍り出ます。植えつけ時は防虫のためだったトンネルも、害虫が少なくなってもそのまま使い、寒さや強風、霜から守ってもらいます。畑にはトンネルの数が増えていきます。

冬の畑

葉もの野菜やダイコンなどが大きく育ち、ハクサイも結球してきます。鍋の材料には事欠かない日々。寒くなればなるほど、野菜が甘くなることを実感します。11月に木枯らしがふいたら、堆肥用の落ち葉集めも忘れずに。少しずつ集めては堆肥を仕込んでいきます。都会でも十分に落ち葉は集められます。街もきれいになって一石二鳥。

春に更地にして返す必要のない農園なら、越冬する野菜も育てられます。野菜が育つのに寒さは欠かせないのですが、寒さ対策も必要。防虫ネットだけでは不十分なものには、保温性の高いポリフィルムのトンネルをかけます。更地にして返さなければならない農園なら、年明けから収穫しながら少しずつ片づけを始めます。2月に入れば、春夏野菜の育苗開始です。

| 根菜類 | アブラナ科 | ★★☆ |

ダイコン
Japanese radish

初心者におすすめの品種
幸誉（みかど協和）、ミニコン22（みかど協和）

バリエーションを楽しめる品種
聖護院大根（サカタのタネ）、天安紅芯2号（サカタのタネ）

多く／多め／強い／ふつう／種で／ふつう／中和

栽培のポイント
・まっすぐに根が伸びるよう、異物をとり除き、よく耕しておく。
・太く育てるため、数回、間引きをする。

栽培スケジュール
■育苗　■種まき　■収穫

1	2	3	4	5	6	7	8	9	10	11	12
		春まき					夏まき				
冬まき	(ポリトンネル栽培)										

気をつけたい害虫
アブラムシ、ハダニ、ヨトウムシ

基本的な植え方
畝の幅：70cm
高さ：10cm
株間：30cm
条間：45cm

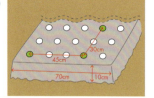

よくある失敗を防ぐコツ

形のよい根にならない

コツ❶　土を深く耕す
まっすぐに根を伸ばすためには、伸びやすいやわらかい土が不可欠です。畑づくりのときに、深さ30cmまで耕しておきましょう。

コツ❷　塊がないようにする
土中に土や肥料の塊があると、そこを避けて股根に。塊が残らないように気をつけて耕します。

① 畑づくり

二股のダイコンになるのを避けるため、石などの異物がないよう耕します。

一般的な青首ダイコンの場合、地上部に張り出していくため、水はけがよくやわらかい土なら、あえて高畝にする必要はありません。股根を避けるなら、堆肥は中央に入れて、両側で育てるように畝を立てます。

肥料を入れて よく耕す
畝の中央に溝を掘り、堆肥を入れて30cmほど耕します。草木灰、ボカシを入れて表土をよく混ぜ合わせます。

コツ ❶

畝を立てる
石や肥料の塊などの異物をとり、図の大きさに畝を立て、表面をレーキで軽く押さえます。

コツ ❷

マルチをかける
畝に穴あきマルチをかけて、周囲に土をかけて固定します。

② 種まき・トンネルがけ

マルチの穴に種をまき、害虫予防のためにトンネルをかけておきます。

ダイコンの種はよく発芽しますが、念のため、あとで間引きをすることを前提にして一つの穴に4～5粒ずつまきます。

各品種の 適期にまく
厳冬期を除けば一年中種まきが可能ですが、各品種の適期にまくようにしましょう。

4～5粒ずつまく
ひと穴に4～5粒ずつまき、指先で土をかけて、手のひらで軽く押さえます。

トンネルを かける
防虫ネットでトンネルをかけ、害虫が入らないようにします。

根菜・イモ類 ダイコン

③ 間引き

太く育てるために間引きをします。段階を踏んで間引くとよいでしょう。

最終的には本葉が5〜6枚になったころ1本立ちにするようにします。慣れてきたら1回ですませても問題ありませんが、生育を確認しながら2回の間引きを。

最初の間引き
種まきの10日後くらいに本葉が2枚になったら、元気なものを3本残して根元からハサミで切るか手で抜きます。

2回めの間引き
種まきの20日後くらいに本葉が4〜5枚になったら、元気なものを1本残して根元からハサミで切ります。

COLUMN ラディッシュを育てよう

ひと穴に3〜4粒の種をまきます。

20〜30日後に、直径2〜3cmで収穫します。

---

④ 収穫・保存

一般的なダイコンは種まきから2カ月後くらいに収穫できます。

首が地上に出て、葉が外側に垂れ気味になったら収穫期です。その前に少しずつ収穫してもやわらかいダイコンをおいしく食べられます。長い期間保存したいときは一度抜いてから埋め戻します。

収穫適期のダイコン
株元が土から出て、ほどよく太くなっているのを確認できます。しだいに葉が外側に垂れてきます。

引き抜く
葉を束ねて握り、真上に引き抜いて収穫します。

保存する
夏まきの場合は12月中に引き抜き、葉を落とし、斜めに寝かせて土をかぶせます。

ラクして大収穫できるアイデア
【ダイコン編】

Idea-1 冬まきにはポリトンネルを

低温にさらされるのを防ぐ

種をまいたあとすぐに低温にさらされると根が育つ前に花芽ができてしまうため、ポリトンネルで保温をします。

1
冬まきに適した品種を選びます。

2
ポリフィルムでトンネルがけをします。トンネル内が25℃以上になると花芽ができず、根に栄養がいきます。

3
ポリフィルムには、換気のためハサミなどで穴をあけておきましょう。

Idea-2 収穫も採種もする

種とりをする場合は、収穫せずにそのまま畑に置いておいてもよいのですが、一度抜いて株元だけを残してカットし、下の部分は食用にし、株元を再び畑に戻しても。

1
葉と根を10cmずつ残してカットします。カットした下の部分は食用に。

2
断面に草木灰をつけます。

3
畑のあいたスペースに移植。葉が伸びてトウ立ちし、花が咲くので、枯れたら採種をします。

初心者でもカンタン！ 混植リレー栽培術

5月の畑

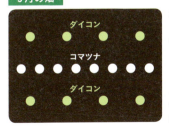

ダイコンも周年種まきができます。春は4月ごろからポリトンネルで栽培すればまずトウ立ちすることはありません。ダイコンの最終間引きのころにコマツナが収穫できます。

7月の畑

春まきのダイコンがとれるのは6月末ごろです。その時期にピッタリなのが黒大豆などの晩生のエダマメです。ポット育苗した苗を植えればスムーズなリレー栽培ができます。

根菜・イモ類　ダイコン

| 根菜類 | アブラナ科 | ★★☆ |

カブ
turnip

初心者におすすめの品種
はくれい（みかど協和）、
みやま小カブ（野口のタネ）

多く　多め　強い　ふつう　種で　弱い　中和

栽培のポイント
・種まき後、すぐに害虫対策をする。
・発芽しやすいので、間引きが遅れないように。
・とり遅れると実が割れてしまう。早めの収穫を。

栽培スケジュール
■育苗　■種まき　■収穫

1	2	3	4	5	6	7	8	9	10	11	12
	春まき					夏まき					
								晩秋まき			

気をつけたい害虫
アブラムシ、カブラハバチ、ヨトウムシ

基本的な植え方
畝の幅：70cm
高さ：10cm
株間：15cm
条間：15cm

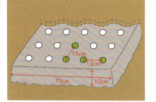

よくある失敗を防ぐコツ

大きく育たない

コツ❶

適期に種まきをする

涼しい気候を好むため、夏まきの場合、9月に入ってから種まきをします。暑いうちにまくと、初期生育がうまくいきません。

コツ❷

適期に間引きをする

間引きが早すぎても遅すぎても 実割れの原因になり、きれいな形で大きく育つことができなくなります。

① 畑づくり

肥料をたっぷり施して畝を立て、マルチをかけてから種まきをします。

肥料を多めに入れておけば、生育途中の追肥は必要ありません。根菜ですが、根は深くならないので土中の異物に神経質になることはありません。

肥料を施す
堆肥、草木灰、ボカシをまき、表土とよく混ぜ合わせます。

畝を立てる
図のように畝を立て、表面を整えます。

マルチをかける
畝に穴あき黒マルチをかけ、周囲を土で固定します。

② 種まき・トンネルがけ

間引きをする前提でひと穴に4〜5粒まき、防虫のトンネルがけをします。

ダイコンと同様、数回の間引きをしながら育てるため、複数の種をまいておきます。こうすることで競い合って育つため、質のよいものを残すことができます。夏まきではまだ虫が多いので防虫トンネルは必須です。

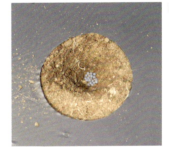

種をまく
中指で深さ1cmくらいの穴をあけ、種をひと穴に4〜5粒ずつまきます。

土をかける
薄く土をかけます。ここでは「穴あけとんとん」(p.10)を使用。

トンネルをかける
種を植えたらすぐにトンネルをかけます。ここでは可動式小トンネル(p.47)を使用。

根菜・イモ類

カブ

③ 間引き

双葉のとき、本葉が4〜5枚になったときと2回の間引きをします。

種まきから3〜4日で発芽します。間引き後、葉が大きく伸び、株が肥大していきます。株を傷めないよう、間引きは根元からハサミで切りとります。

コツ ❷

1回めの間引き
元気なものを3本残して、間引きをします。

2回めの間引き
3本のうち、元気なものを残して1本にします。

間引きを1回ですます
間引きを1回ですませたい場合は、本葉が3枚になったときに、1本残しておきます。

④ 収穫

収穫期を迎えると、カブが地面からせり出してきます。大きい順に収穫を。

品種によって大きさが異なるので、収穫時の大きさは種まき時に確認を。収穫適期を過ぎるとカブが割れてしまいます。収穫適期を待たなくても、間引き菜からそのつど収穫して食べることもできます。

収穫する
小カブなら種まきから40日くらいで収穫適期。株元をもって抜きます。

COLUMN
いろいろな品種

カブにはいろいろな品種があります。形も大きさも色もさまざま。マルチ穴の列ごとに異なる品種の種を植えておいても。

上段左：聖護院大丸蕪。千枚漬けの材料としても有名。煮崩れしにくい。上段右：津田蕪。根が曲がっており、紅白のコントラストが美しい。下段：飛騨紅丸蕪。濃い紫色で食卓に映える。

教えましょう！

ラクして大収穫できるアイデア
【カブ編】

Idea-1 時間をムダにせず育てる

開園日に種まきを

カブのように収穫までの期間が短い野菜は、時間をムダにしたくないときにおすすめです。

1 市民農園の開園初日。畝を立てました。

2 この日のうちに、カブの種まきをしました。

3 1週間で双葉が出てきました。

4 1カ月半後。周囲の区画では、ようやく畝の準備が始まったところですが、こちらはもう収穫です。

初心者でもカンタン！ 混植リレー栽培術

5月の畑

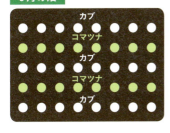

カブもほぼ周年栽培ができます。春は彼岸ごろに種をまくと5月に収穫できます。カブだけよりは間にコマツナなどの菜っ葉をまいておけば先に収穫できるので楽しめます。

6月の畑

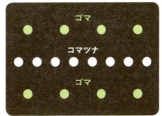

カブも5月には収穫が終わるのでそのあとは秋野菜までの間ゴマがつくれます。ゴマもすぐには伸びないので間に菜っ葉が栽培できます。

根菜・イモ類

カブ

根菜類 | セリ科 | ★★☆

ニンジン
carrot

初心者におすすめの品種
ベーターリッチ（サカタのタネ）、クリスティーヌ（みかど協和）

バリエーションを楽しめる品種
金美EX（みかど協和）

栽培のポイント
・根をまっすぐ伸ばすためによく耕しておく。
・種まき後は日よけ、虫よけのトンネルを。
・間引いて元気なものを残す。

栽培スケジュール

気をつけたい害虫
アブラムシ、ハダニ、ヨトウムシ

基本的な植え方
畝の幅：70cm
高さ：10cm
株間：15cm
条間：15cm

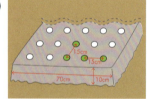

🥕 よくある失敗を防ぐコツ

股根になる

→

コツ ①

土はふるいにかける
土の中に塊があると、その部分を避けて根が伸びるので、土はふるいにかけておくとよいでしょう。

コツ ②

モグラに注意する
モグラが通ると、その部分に発育不良を起こします。ふだんからモグラに注意しておきましょう。

① 畑づくり

根をまっすぐ伸ばすため、土の中に異物が残らないようにすることが大切です。

ニンジンは肥料分が少なくても育ちます。施肥は多くなりすぎないようにし、根が伸びやすいよう異物をとり除き、やわらかい土にしておきましょう。狭いスペースなら土をふるいにかけておいても。

肥料を施す
草木灰、ボカシをまいて、表土をよく混ぜ合わせます。

コツ❶

畝を立てる
できれば表土を一度ふるいにかけて、畝を立てます。

マルチをかける
図の間隔になるよう、穴あき黒マルチをかけます。

② 種まき・トンネルがけ

ニンジンの種は発芽しにくく、時間がかかるため、少し多めにまいておきます。

多めにまくほか、発芽率のよいコーティングされた種（ペレット種子）を使うのも手。発芽まで土の表面を乾燥させないようにすることが大切です。日差し予防と虫除けのため、トンネルをかけましょう。

種をまく
ペレット種子ならひと穴に3粒、普通の種子なら4～5粒まいて、土を1cm程度かけておきます。

トンネルをかける
種をまいたらすぐに防虫ネットのトンネルをかけておきます。

11月まきのトンネル
遅めに種まきをするときはポリフィルムをかけて、換気穴をあけておきます。

3 間引き

最初は競い合わせて育て、間引いて最終的にひと穴に一つの株を残します。

ペレット種子の場合は本葉が3～4枚のときに1回、普通の種の場合は本葉が2～3枚のときと6～7枚のときの2回、間引きをします。

マルチを使用したとき
大きく健康に育った苗を残して間引きします。

マルチを使用しない場合
根が十分に太るスペースをあけるため、最終的に株間が10cmくらいになるように間引きます。

COLUMN 春まきと秋まき

春まきのニンジンは(右写真)茎が長くなり、秋まきのものは茎が短くなります。

4 収穫・保存

種まきから3カ月半くらいで収穫適期。太ったものから順に収穫しましょう。

間引いたものも食べられますが、十分に太ったものを食べたいなら、指で太り具合を確かめてから、根元を持って引き抜いて収穫します。

収穫する
葉だけでなく、根の太り具合も確認して収穫しましょう。

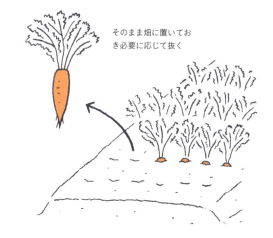

そのまま畑に置いておき必要に応じて抜く

冬に収穫するニンジンはそのまま畑に置いておくことができます。葉は枯れてしまいますが、根は生きており、糖度が増しておいしくなります。

ラクして大収穫できるアイデア
【ニンジン編】

Idea-1 マルチなしでも

ニンジンはマルチをかけなくても育てられます。その場合、溝をつけてその底にまくのがおすすめ。溝底は温度や湿度が安定しているので発芽もよくなります。

1 適期の品種を選びます。堆肥、ボカシを入れて畝を立てます。

2 畝に溝をつけ、溝の底に種をバラバラとまきます。

3 間引きをくり返しながら最終的に株間が10〜12cmになるようにし、収穫を待ちます。

Idea-2 種とりをしてみよう

花を楽しんだあとに種とりを

固定種（p.90）のものは自家採種ができます。夏に種をまいて冬越しをさせると5〜6月にトウ立ちして花を咲かせます。花が枯れたら乾燥を。

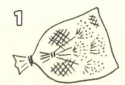

1 花が枯れたら刈りとって防虫ネットで包みます。

2 風通しのよいところで乾燥させます。

3 乾いたら手でもみとって種をとり、ポリ小袋などに乾燥剤とともに保管します。

初心者でもカンタン！ 混植リレー栽培術

5月の畑

ニンジンは春まき、夏まき、晩秋まきができます。春まきは3〜4月まきで夏に収穫になります。ニンジンだけでも栽培できますが、コマツナをまくとコマツナが先にとれます。

9月の畑

9月には秋野菜のブロッコリー、カリフラワーなど育苗した苗を植えつけます。苗はすぐに大きくはならないので、間にコマツナなど菜っ葉を栽培できます。

| イモ類 | ナス科 | ★★☆ |

ジャガイモ
potato

- 初心者におすすめの品種
  男爵（各社）、メークイン（各社）
- バリエーションを楽しめる品種
  アンデス（各社）、デジマ（各社）

栽培のポイント
・暑さに弱いので、暑くなる前または涼しくなってから植えつける。
・土寄せをして、イモの肥大を促す。

栽培スケジュール
■育苗　■植えつけ　■収穫

1	2	3	4	5	6	7	8	9	10	11	12
春まき											
						夏まき					

気をつけたい害虫
アブラムシ、ニジュウヤホシテントウ、ヨトウムシ

基本的な植え方
畝の幅：70cm
高さ：30cm
株間：30cm
条間：30cm

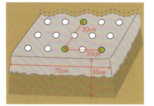

よくある失敗を防ぐコツ

イモが小さい

→

コツ❶
茎を少なくする
茎が多いとそれぞれのイモが小さくなります。芽かきをして、伸ばす茎を少なくしておきましょう。

コツ❷
逆さ植えをする
ストレスを与えたほうが生長を促します。芽を下に植えて、生長力を引き出してあげましょう。

① 畑づくり

土寄せ不要で収穫も手軽なマルチ栽培がおすすめです。

初心者におすすめなのがマルチをかけた畝で育てる方法。畝を立てて種イモを植えつけ、マルチは芽が出てからかけます。または、マルチをかけて、切り込みを入れて種イモを押し込んでもよいでしょう。種イモは深く埋めません。

畝立て
土を耕して畝を立て、中央に溝を掘って腐葉土と草木灰、ボカシを入れて土を戻し、植え溝を掘ります。

芽かき
種イモに芽がたくさん出ているときは、芽かきをして大きい芽を数個にしておきます。

② 植えつけ

植え溝に種イモを並べ、その間にボカシをまいて、土をかけます。

普通サイズの種イモならそのまま植えつけますが、大ぶりの場合は芽かきをせずに縦2つに切って、切り口に草木灰をつけてから植えつけます。芽を下向きに植えると、適度なストレスがかかり、丈夫に育ちます。

種イモを植え溝に入れる
芽が下向きになるようにして、30cm間隔に種イモを入れていきます。

ボカシを置く
種イモの間に、ボカシをひと握りずつ置きます。

土をかける
種イモが隠れるくらい土をかけます。

③ マルチがけ・芽かき

芽が伸びてきたらマルチをかけて、複数の芽を1本に芽かきします。

芽が出たらマルチをかけます。植えつけ時からマルチをかけていると種イモが腐ることもあるので、この段階でかけます。マルチのおかげでイモの緑化も防げます。

芽が出るのを待つ
植えつけ後はマルチをかけないでおきますが、この間、土の上に草木灰をまいておいても。やがて芽が出てきます。

マルチをかける
芽が出てきたらマルチをかけます。芽が出ている部分にカッターなどで穴をあけ、複数の芽があれば1本に。

④ 収穫

マルチの下にイモがたくさんできていて、掘ることなくそのまま収穫します。

イモはマルチと土の間にできており、しかも中央に集まっています。土の掘り起こし作業をせずに、そのままかき集めるだけで収穫完了。省力栽培法です。

地上部の茎葉を刈る
葉が黄色になってきたら収穫適期。地上部の茎葉を根元から刈りとります。

マルチをはずす
マルチをすべてはずしとります。

収穫する
親イモのまわりにごろごろと子イモが集まっているので、それをかき集めます。

ラクして大収穫できるアイデア
【ジャガイモ編】

Idea-1 切り口に草木灰をつける

すぐに植える場合は腐れ防止効果

春栽培で大きい種イモはヘソ（茎とつながっていた跡）の部分から縦に切って4日ほど乾かしてから植えますが、すぐに植える場合は草木灰を切り口につけると種イモが腐りにくくなります。

切り口に草木灰をつけます。

切り口を下にして植えます。

Idea-2 マルチをせずに

マルチをしなくても栽培できます。マルチをしない場合は土寄せをする必要があります。

幅20cm、深さ15cmの植え溝を掘り、種イモを30cm間隔で置いていきます。

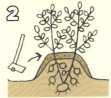

畝間の土を耕し、株元に土寄せをします。イモが日に当たると緑化してしまいます。

土寄せは生育に合わせて、数回行います。

🚩 初心者でもカンタン！ 混植リレー栽培術

3月の畑

ジャガイモは春と秋に栽培できます。穴なしマルチを使い種イモを植えておくと、土寄せをしないまま収穫に至ります。6月中旬にマルチをはぐと新イモがたくさんできています。

7月の畑

ジャガイモが終わったあとは、春に種をまいて育苗したナガネギを5cm間隔で落とし植えするとちょうどよいタイミングでリレー栽培ができます。

根菜・イモ類 ジャガイモ

| イモ類 | ヒルガオ科 | ★☆☆ |

サツマイモ
sweet potato

🌱 **初心者におすすめの品種**
ベニアズマ（各社）、ナルト金時（各社）

🌱 **バリエーションを楽しめる品種**
シルクスイート（カネコ種苗）、紅はるか（各社）

多く / 多め / 強い / 少なめ / 苗で / 強い / 中和

栽培のポイント
・草木灰以外の肥料は入れない。
・地這いで育てるときは防草シートを敷いておく。
・つるがよく茂ったら、つる返しをする。

栽培スケジュール
■育苗　■植えつけ　■収穫

1	2	3	4	5	6	7	8	9	10	11	12
			▬	▬				▬	▬		

気をつけたい害虫
アブラムシ、ハダニ、ヨトウムシ

基本的な植え方
畝の幅：60cm
高さ：30cm
株間：30cm
畝間：90cm

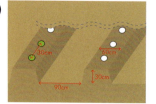

よくある失敗を防ぐコツ

イモが太らない

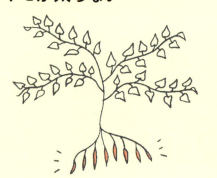

→

コツ❶
窒素肥料を入れすぎない
サツマイモはやせた土地でもできます。また、窒素分が多いとイモがよくできないため、草木灰以外の肥料は使わずに栽培します。

コツ❷
つる返しをする
つるが伸びすぎるとイモに栄養が届かなくなるため、つるが伸びたときは、つるをひっくり返し、根づかないようにします。

① 畑づくり

肥料が多すぎるとイモがよくできません。肥料はやらずに育てます。

やせ地でも育つサツマイモ。肥料過多はかえってイモの生長を阻害します。堆肥やボカシなどは入れず、草木灰だけを入れて土づくりをしましょう。

コツ ❶

草木灰のみ入れる
草木灰を全面にまいて表土と混ぜ合わせます。

畝を立てる
図のように高畝をつくります。

② 植えつけ

育苗には手間がかかるため、市販の苗を使うと手軽。

直立に植えつける方法、寝かせて植えつける方法とあり、どちらの植え方でも構いませんが、根が出る大切な節が2～3個土中に埋まるように植えつけます。葉を傷めないように植えつけましょう。

市販の苗
直売所やホームセンターなどでは、このような形で苗が売られています。

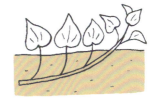

節を埋める
イラストのように、根が伸びていく節がしっかり土中に入るよう、1株ずつ挿し込むように植えつけます。

防草シートが便利
畝の間に防草シートを敷いておくと雑草が生えません。

根菜・イモ類

サツマイモ

③ つる返し

つるから根が伸びて土中に根づかないよう、つるをひっくり返します。

つるが伸びると根を出し、土中に根づいて、さらに茂ってしまいます。こうなるとイモに栄養が回らなくなるので、ときどきつるを返して、茂りすぎないようにします。2〜3回は行います。

つる返しをする
つる先を持って引っ張り上げ、株元のほうにのせておきます。

根を切る
つるから根が写真のように伸びています。これが根づかないようにするためのつる返しです。

防草シートはここでも便利
防草シートを敷いておくと、雑草防止だけでなく、つるからの根が根づくのも防ぎます。

防草シート

④ 収穫と保存

植えつけから100日くらいで収穫できます。地上部を刈りとってから収穫を。

収穫の前に試し掘りをして、大きく育っているか確認しましょう。十分太っていれば、晴天が続いて土が乾いているときに、まず地上部の葉茎を刈りとります。スコップを入れてイモを掘り起こして収穫です。

地上部を刈りとって収穫
先に地上部のつるを刈りとることで、デンプンがイモに渡ります。収穫後は1〜2週間日陰に干しておきます。

COLUMN　苗を養成する

市販の苗を購入するほか、畑の隅で苗を養成し、挿し木できるようにしておきます。

ラクして大収穫できるアイデア
【サツマイモ編】

Idea-1 垣根栽培

垣根のように立体的に栽培する

つるが伸びてスペースをとってしまうサツマイモ栽培。省スペースで、立って作業ができる立体栽培もおすすめです。今ある垣根をそのまま使って栽培することもできます。

1 市販の苗を5月に買ってきて垣根の下に植えます。

2 寝かせ植えにして地中に2～3節を埋めます。

3 株間は25～30cmにします。7月まではそのままに。

4 7月以降はつるを垣根に誘引します。

Idea-2 残さ入り畝

サツマイモの残さを使って畝立て

サツマイモのよく茂った葉茎は堆肥の好材料に。毎年同じ場所で栽培するなら、翌年はこの残さを乾かして埋めた畝で栽培するとよいでしょう。

1 サツマイモの収穫が終わったら、つるをそのまま風化させます。

2 翌年の畝立てのときに風化したつるを畝の中に戻します。

3 新たに苗を植えると、サツマイモが吸収した養分が、次の世代に循環します。

🚩 初心者でもカンタン！ 混植リレー栽培術

6月の畑

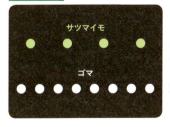

サツマイモはマルチの穴にイモづるを挿してつるを這わせます。同じ畝にゴマの苗を混植できます。ゴマは直立するので競合せずに栽培できます。ゴマは8月、サツマイモは10月収穫。

11月の畑

サツマイモがとれたあとは、いったん肥料をやって畝を立て直し、穴あきマルチをかけておくと、11月のタマネギ苗の植えつけのタイミングにピッタリです。

根菜・イモ類 サツマイモ

| イモ類 | サトイモ科 | ★★☆ |

サトイモ
taro

- 初心者におすすめの品種
  子だくさん（みかど協和）、石川早生（各社）
- バリエーションを楽しめる品種
  八頭（各社）、セレベス（各社）

多く／多め／強い／ふつう／種イモ／ふつう／中和

栽培のポイント
・保水性のよい畑にしておく。
・栽培期間が長く大きく育つので場所を考慮する。
・積極的に水やりをする。

栽培スケジュール
■育苗　■植えつけ　■収穫

1	2	3	4	5	6	7	8	9	10	11	12
			■	■					■	■	

気をつけたい害虫
アブラムシ、スズメガ、ヨトウムシ

基本的な植え方
畝の幅：70cm
高さ：10cm
株間：30cm

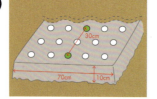

よくある失敗を防ぐコツ

イモが小さい

→

コツ ❶ 土寄せをする
子イモから出る芽を地上に伸ばさないように、2回程度、土寄せをします。

コツ ❷ 水やりをする
サトイモは水を好むので、乾燥が続くときは特に積極的に水やりを。雨が多く、ジメジメした気候のときほどよく育ちます。

① 畑づくり

水分を好むので保水性がよく、水やりをしやすいところで育てましょう。

栽培期間が長く、乾燥を嫌うことから、堆肥をたっぷりと施した土づくりを。植えつけ時に寒さが続いているようなら、黒マルチをかけて地熱を上げる方法も。

堆肥を入れる
畝を立てる場所に、堆肥をたっぷりと入れます。

肥料を施す
草木灰、ボカシを全面にまき、表土をよく混ぜ合わせます。

畝を立てる
図のように畝を立てます。

② 植えつけ

種イモの芽を下にして植えつけることで、ストレスに強い丈夫な株に。

芽を上にして植えるときはイモの大きさの3倍の深さに植えますが、逆さ植えにするため、深さはイモの2倍にします。あまり厚く土をかけると芽が出るのが遅くなるため、注意しましょう。

芽が出た種イモを使う
種イモにするのは、芽が出ていて、全体にふっくらしたものを。食用に売られているものは使いません。

植えつける
株間は30cmとり、イモの2倍の深さになるよう押し込んで、上から土をかけます。

逆さ植えの深さ
芽が上に伸びるぶんも考慮して、イモは2個ぶんの深さに植えます。

種イモの2倍の長さ

根菜・イモ類

サトイモ

③ 土寄せ・管理

イモを太らせるために必要なのが土寄せ。芽が土の上に出ないようにします。

5月下旬から梅雨明けにかけて、2回程度、株の根元に土を寄せておきます。このとき除草も兼ねて中耕を行うとよいでしょう。雨が少ないときは水やりも必要です。

土寄せをする
5月下旬〜6月中旬と梅雨明けを目安に土寄せをします。

芽は埋める
子イモの芽が土の上に出ないよう注意します。出てしまった場合はそれを埋めるように土寄せを。

水やり
雨が少ないときは畝間にたっぷり水やりしましょう。乾燥対策に敷きワラをしてもよいでしょう。

④ 収穫

試し掘りをして、十分に太っていれば収穫します。初霜の前に収穫を終えます。

寒さに当たるとイモが腐ってしまうことがあるので注意が必要です。収穫の目安は10月中旬から下旬ですが、早めにとったものは衣かつぎにしてもおいしく食べられます。

地上部を刈る
掘り起こす前に、地上部の葉茎を刈りとっておきます。

株ごと抜く
株の根元から少し離れたところにショベルを入れ、イモを傷つけないように引き抜きます。

葉を片づける
サトイモの大きく育った葉、太い茎は乾かして残さとして使いましょう。チップ化して堆肥の原料にも。

教えましょう！

ラクして大収穫できるアイデア
【サトイモ編】

Idea-1 逆さ植え

収穫量が1.5倍に

ストレスをかけて育てると丈夫に育ちますが、サトイモも同様で、芽を下にして植えると収穫量が1.5倍になります。

1. 前年から貯蔵した種イモの芽を確認します。

2. 芽を下にしてイモの倍の深さに挿し込みます。

3. 土をかけて押さえます。

4. 植えつけたところです。

Idea-2 親イモを翌年の種イモに

親イモを保存して、種イモに使う

子イモは食べ、親イモは土室に貯蔵を。親イモを種イモに使うと、翌年、子イモがたくさんとれます。

1. 収穫した子イモは食用に、親イモは種イモにします。

2. 種イモになる親イモだけを選び容器に入れます。

3. 種イモの向きは気にしなくても大丈夫です。

4. 容器ごと土室に入れ貯蔵します。

初心者でもカンタン！ 混植リレー栽培術

6月の畑

4〜5月に植えたサトイモはその後何回かの土寄せをしながら、真夏の乾燥時には積極的な水やりもして11月までには収穫に至ります。

11月の畑

サトイモがとれたあとは、いったん肥料を与えて畝を立て直して穴あきマルチをかけておくと、11月のタマネギ苗の植えつけのタイミングにピッタリです。

根菜・イモ類 サトイモ

| 根菜類 | キク科 | ★☆☆ |

ゴボウ
burdock

🌱 **初心者におすすめの品種**
すなお白肌（みかど協和）、
山田早生（みかど協和）

| 多く | 多め | 強い | ふつう | 種で | ふつう | 中和 |

栽培のポイント
・土中深く長く伸びるので、よく耕しておく。
・発芽後、間引きをする
・根を切らないように注意深く土を掘って収穫。

栽培スケジュール
■ 育苗　■ 種まき　■ 収穫

1	2	3	4	5	6	7	8	9	10	11	12
		■	■	■			■	■	■		

気をつけたい害虫
アブラムシ、ハダニ、ヨトウムシ

基本的な植え方
畝の幅：70cm
高さ：10cm
株間：3cm

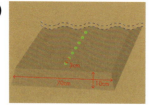

✏️ よくある失敗を防ぐコツ

芽が出ない

コツ ❶

種は浅まきする
ゴボウは発芽しにくいので、浅めにまくようにしましょう。

コツ ❷

薄く土をかける
発芽しやすくなるよう、種をまいたら、土は薄くかけておきます。

① 畑づくり

細長く育つため、深く耕して肥料を入れずに土づくりをします。

ゴボウは発芽、間引きのあとは特に手間はかかりませんが、収穫時に穴を深く掘るのが大変です。後述の波板栽培（p.197）がおすすめですが、ここではまず通常の栽培方法を説明します。

天地返しをする
畝を立てる場所に深さ50〜80cmの溝を掘り、掘り出した土を片側に積んでおきます。続けてこの溝に平行に溝を掘り、掘り出した土は先に掘った穴に入れます。あとから掘った穴に、先に掘った土で埋めます。

畝を立てる
肥料を入れずに、図のように畝を立てます。

② 種まき・間引き・中耕

種は浅めにまき、薄く土をかけます。発芽後は間引きをし、除草を兼ねた中耕を。

発芽にはやや時間がかかるので、その間、雑草に負けないようにこまめに除草を。間引きは2回くらいに分けて行ってもよいでしょう。最終的には株間を10〜15cmにします。

コツ ❶❷

種をまく
畝にまきすじをつけ、すじまきをしたら軽く押さえるように土を薄くかけて、種が流れないように水を与えます。

間引き
本葉が4〜5枚になったら間引きを。本葉が3枚のころ、3cm間隔に間引きしておいてもよいでしょう。除草を兼ねて中耕もしておきます。

根菜・イモ類

ゴボウ

⑦ 収穫・保存

株を引っ張るだけでは抜けません。周囲の土を掘ってから抜きます。

品種にもよりますが、根の太さが直径2cmくらいになっていたら収穫です。1cmくらいのときに若どりをすることもできます。使うときに収穫しますが、一度抜いた場合でも畑で保存することができます。

収穫する
根を傷つけないように気をつけながら、ゴボウの周囲の土をとり除き、折らないようにそっと抜きます。

保存する
使わない分はそのまま畑に置いておけますが、抜いたゴボウは土中に寝かせ、その上から30cmくらい土をかけて保存します。

> こんな栽培法も！

ゴボウの袋栽培

困難な収穫の手間を減らせるのが、肥料などが入っていたポリエチレン袋を使った栽培法です。

1 袋に土を入れる
肥料袋の底を抜き、支柱を3本挿して固定したら、ふるった土を入れます。

2 種をまく
1袋に4カ所、指で深さ1cmの穴をあけ、ひと穴に3粒の種を入れます。

3 発芽
種まき後、約2週間で発芽します。

4 間引く
本葉が4～5枚になったら、元気なものを1本残して間引きます。

5 収穫する
収穫時期になったら袋をカッターなどで切って土を崩し、収穫します。

教えましょう！ ラクして大収穫できるアイデア【ゴボウ編】

Idea-1 手軽な波板栽培

斜めにした畝に波板を置き、その上で寝かせ栽培をする方法です。

1 土を盛り、15度（勾配26.8％）の傾斜をつくります。

2 長さ120cmのプラスチック波板を敷きます。

3 波板の上に木枠をつくり、15cmの厚さに土をのせます。

4 斜面の上に通水性のある防草シートを敷き、端にゴボウの種を2cm間隔にまきます。

5 芽が出て本葉が何枚か出たら、株間3cmに間引きます。

6 ゴボウは波板に沿い、股根にもならず、収穫もラクです。

🚩 初心者でもカンタン！ 混植リレー栽培術

6月の畑

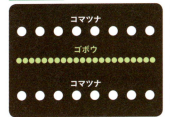

コマツナ / ゴボウ / コマツナ

ゴボウは葉が大きく茂りますが、すぐには大きくならないので、しばらくは両肩に菜っ葉などが栽培できます。波板栽培ならナガイモとの混植も可能です。

11月の畑

ホウレンソウ

ゴボウは8月中旬ごろから収穫ができます。遅くとも10月に収穫が終われば、後作はホウレンソウなどの冬野菜が栽培できます。

根菜・イモ類 ゴボウ

| イモ類 | ヤマノイモ科 | ★☆☆ |

ナガイモ
yam

🌱 **初心者におすすめの品種**
ナガイモ（各社）

多く　ふつう　強い　ふつう　種イモ　強い　中和

栽培のポイント
・土はよく耕し、イモが伸びるときの障害がないように。
・つるが伸びるので、支柱を立てておく。
・つるが枯れ始めたら収穫する。

栽培スケジュール
■ 育苗　■ 植えつけ　■ 収穫

1	2	3	4	5	6	7	8	9	10	11	12
			植えつけ	植えつけ					収穫	収穫	

気をつけたい害虫
アブラムシ、スズメガ、ヨトウムシ

基本的な植え方
畝の幅：70cm
高さ：15cm
株間：10cm

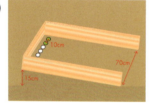

よくある失敗を防ぐコツ

根が伸びない

→

コツ❶
土はよく耕し、障害物をとり除く
通常の栽培方法でも、波板を使って斜めに栽培する場合も、土はよく耕して細かくし、障害になるものはとり除いておきます。

コツ❷
波板栽培にする
まっすぐ長く伸びたイモにする場合は、波板を使って斜めに栽培するほうが確実です。

① 畑づくり（おすすめ波板栽培）

地中深くイモを伸ばすため、収穫が大変。波板を使った栽培なら作業も収穫もラク。

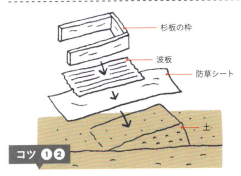

波板を使った畝を設置する
斜めに盛った土に防草シート、波板を重ね、杉板の枠をつくって設置します。

② 植えつけ

土を入れて、斜めに種イモを植えつけ、上から防草シートをかけておきます。

土をふるう
土は5mmのふるいにかけて、塊をなくします。

植えつける
土を板枠に入れ、10cmの株間で種イモを植えます。

③ 支柱立て

つるが伸びるため、支柱を立ててつるを誘引します。

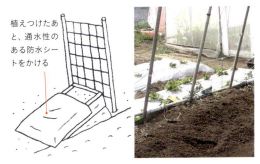

支柱にネットやひもを渡す
つるが絡みやすいよう、支柱の間にはネットか、ひもを張っておきます。

④ 収穫

土をよけるだけで、簡単にナガイモが収穫できます。

試し掘りする
葉が黄色になったら試し掘りをしてみます。

収穫する
防草シートをはがして土をよけ、収穫します。

根菜・イモ類 ナガイモ

Column.3

菜園を思い切り楽しもう

家庭菜園には楽しみがいっぱい。動植物などの力を借りることは、自然と寄り添って生きることを実感できるものです。そして、とれたてをその場で味わえるのも家庭菜園ならでは。

野菜づくりにも役立つ楽しみ

1年を通して、野菜づくりの役に立つものを自然とのふれあいの中から探せます。野菜を育てるだけではない楽しみが、菜園にはあふれています。

4月16日
カマキリの卵の孵化が始まる。孵化してすぐにアブラムシ退治をする働き者。

4月23日
オタマジャクシが孵化。カエルになったら害虫を存分にやっつけてね！

6月1日
コンパニオンプランツのマリーゴールドは、緑の畑を明るく照らす光のよう。

7月6日
畑の隅で育てたルバーブ。収穫後は大きな葉が堆肥になります。

11月23日
畑のわきに植えたスプレー菊が花盛り。受粉を助けるアブの大好物です。

12月6日
草木灰をつくるロケットストーブは、寒くなった菜園で暖をとるにも重宝。

とれたてをその場で味わう

庭にある菜園や自宅に隣接した菜園のほか、貸し農園でも調理スペースがあるところなら、収穫した野菜をすぐにその場で味わってみましょう。
野菜を自分で育てている人にとって、何よりのごほうびです。

あったまります！

葉もの野菜を
たっぷり入れて

カセットコンロでつくった昼食のラーメンには、収穫したばかりの葉もの野菜をたっぷり入れます。

草木灰の中で
焼き芋を

ロケットストーブで草木灰をつくり、余熱のある間に収穫したてのサツマイモを投入。ほかほかの焼き芋に。

自然の中で
最高のぜいたく

メロンを収穫してすぐに切り分けました。ジューシーで、このうえないぜいたく感を味わえます。

糖度もバッチリ！

練馬ダイコンを
漬けものに

区から配布された種で育てた練馬ダイコン。しばらく寒風にさらしたあと、漬け込みます。

収穫したては
断然甘い！

収穫したばかりのエダマメを大鍋で塩ゆでに。とれたての豆の甘いこと、甘いこと。

夏の畑作業の
ごほうびです

朝いちばんにスイカを収穫してバケツの水に。作業を終えるころは冷えています。夏のメインイベントです。

| 豆類 | マメ科 | ★☆☆ |

インゲン
common bean

🌱 初心者におすすめの品種
ビックリジャンボ（みかど協和）、
ミニドカ（サカタのタネ）

多く ふつう 強い 少なめ 苗・種 強い 中和

栽培のポイント
- 種まき後、足で踏んでしっかり押さえる。
- 支柱を立てて、つるを誘引する。
- 中の実がふくらみすぎないうちに収穫する。

栽培スケジュール
■ 育苗　■ 植えつけ　■ 収穫

1	2	3	4	5	6	7	8	9	10	11	12
	春まき										
					夏まき						

気をつけたい害虫
アブラムシ、ハダニ、ヨトウムシ、コガネムシ

基本的な植え方

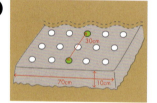

畝の幅：70cm
高さ：10cm
株間：30cm

よくある失敗を防ぐコツ

あまり実がつかない

→

コツ❶

追肥をする
肥料が多すぎるとつるぼけしてしまいますが、生長がよくないときは適切に薄めた液肥を与えるようにしましょう。

コツ❷

実がついたら早めに収穫する
実をつけたままにしておくと、たくさんの実がつきません。早めに収穫するようにしましょう。

① 畑づくり・植えつけ

春まきと夏まきができます。マルチはかけてもかけなくてもかまいません。

インゲンは酸性に弱いので、草木灰はまいておきましょう。直まきもできますが、鳥害対策が必要なので、育苗がおすすめです。

畑づくり
肥料は少なめでよく、マルチはかけてもかけなくてもかまいません。

植えつける
ポットに種をまいて、発芽して初生葉(しょせいよう)(p.237)が開いた時点で畑に植えつけます。もう鳥害の心配はありません。

② 支柱立て・追肥

つるあり種の場合は、つるが伸び始めるころ、支柱を立てます。

園芸用支柱を立てて、横にも支柱やひもをわたすとよいでしょう。つるの伸び始めのころは、自然に絡みつきにくいので、手で誘引するか、さらにひもで結びつけておいてもよいでしょう。

支柱を立てる
前に栽培していたものがつる性のものなら、そのときの支柱を流用してもよいでしょう。

白い花がつく
つるが伸び始めるとマメ科特有の形の、白くきれいな花をつけます。

コツ ❶ 追肥
適切に薄めた液肥(ここでは生ゴミ液肥)を、週に1～2回まきます。

豆類 / インゲン

③ 収穫

花が咲き始めて10日くらいたつころから次々に実ができ、収穫できるように。

できるだけ若くてやわらかいうちに収穫しましょう。つるあり種は1カ月くらい、つるなし種は2週間くらいの間、次々に収穫できます。サヤが曲がったりふくらんでいないものは受粉失敗か、とり遅れのもの。

コツ❷ 早めの収穫を
とり遅れると中の実がふくらみ、すじばってしまいます。また、実がついたままだと、たくさんの実がつかなくなります。早めの収穫を心がけましょう。

サヤのつけ根から摘みとる
若いうちのサヤを順に、つけ根から摘みとっていきます。

つるなしインゲン

つるなし種のほうが収穫期間が短く、収穫量も少ないのですが、誘引の手間がないので手軽に育てられます。種まきの時期をずらせば長く収穫が可能です。

コンパクトで育てやすい
つるあり種に比べてコンパクトで育てやすいのが特長。早めに実がつきます。

COLUMN
自家採種もできる

サヤが枯れるまでつけておけば、種とりも。枯れたあと、翌年の種まきまでサヤごとネットに入れて吊り下げておきます。

ラクして大収穫できるアイデア
【インゲン編】

Idea-1 S字巻きで収穫量アップ

ふつう、つるの巻き方はZの字のように巻いていますが、S字巻きにするとストレスを受けて逆に収穫量が約2倍になります。

Z巻き　　**S字巻き**

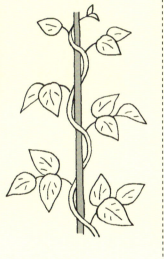

Idea-2 シカクマメをつくろう

つるありインゲンと同じ要領でシカクマメもつくることができます。春まきでインゲンをつくったあとにシカクマメを育ててみても。

シカクマメの花はきれいな紫色の花。観賞も楽しめます。

サヤのつけ根から摘みとって収穫します。

初心者でもカンタン！ 混植リレー栽培術

5月の畑

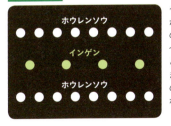

インゲンは春は4月が種まき時期です。夏の盆過ぎにまいて10〜11月に収穫することもできます。伸びるまで両肩に栽培期間の短いホウレンソウなどがまけます。

7月の畑

インゲンはつるありなら7月ぐらいまではどんどんとれるので両肩の菜っ葉もいろいろ栽培できます。

豆類　インゲン

| 豆類 | マメ科 | ★☆☆ |

スナップエンドウ
snap pea

🌱 **初心者におすすめの品種**
ニムラサラダスナップ（みかど協和）

| 多く | ふつう | 強い | 少なめ | 苗・種 | 強い | 中和 |

栽培のポイント
- 越冬前に伸びすぎないようにする。
- 支柱を立てて、つるを誘引する。
- 中の実がふくらんでから収穫する。

栽培スケジュール
■ 育苗　■ 植えつけ　■ 収穫

1	2	3	4	5	6	7	8	9	10	11	12

気をつけたい害虫
アブラムシ、ハモグリバエ、ヨトウムシ

基本的な植え方

畝の幅：70cm
高さ：10cm
株間：15cm

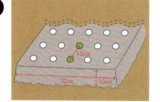

よくある失敗を防ぐコツ

冬に枯れてしまう

→

コツ 1

適期に植えつけをする
冬を迎える前に大きく伸びすぎていると寒さに負けてしまいます。植えつけが早すぎないようにしましょう。

コツ 2

伸びすぎたら防寒する
植えつけ後に予想外の高温などが続いて伸びすぎてしまったときは、休眠状態の間に寒冷紗やワラなどをかけておきましょう。

① 畑づくり・植えつけ

寒さに強いので、秋に苗を植えつけておきます。

> コツ ①

寒くなる前に大きくなると、寒さで枯れてしまうため、できるだけ小さな姿で冬越しできるよう、慌てて植えつけないようにしましょう。一般には株間30cmで植えつけますが、15cmの密植にします。

畝を立てる
堆肥、草木灰、ボカシを入れて混ぜ合わせ、畝を立てます。

植えつける
7.5cmのポットに種を5粒まいて育苗します。発芽後2週間たったら、畝に15cm間隔で植えつけます。

根が全体に広がったよい苗。

② 越冬

越冬を迎えるタイミングが翌春の生長のカギを握ります。

寒さには強いのでトンネルがけは必要ありませんが、寒さが厳しい地域では寒さ対策をしておきましょう。

越冬は伸びすぎないように
草丈が10〜15cmで越冬させるのがベストです。

> コツ ②

防寒・防霜を
もし伸びすぎてしまったときは、ワラを敷いたり、篠竹を苗のわきに挿して防寒を。

豆類 スナップエンドウ

③ 支柱立て

つるが伸び始めるのが3月下旬ごろです。それまでに支柱の用意を。

つるが絡みつきやすいように、ネットを張ったり、細かくひもをわたしたりするとよいでしょう。春先には除草作業も増えてくるので、作業が少ない冬の間に支柱を用意しておくのがおすすめです。

支柱を立てる
支柱を立て（p.50）、その間に目合い10cmのネットを張るかひもを横に細かく張っておきます。

開花
4月になると急速に大きくなり、次々と花を咲かせます。開花後は適切に薄めた液肥を週に1〜2回与えます。

④ 収穫

4月中旬になると次々にサヤが収穫適期を迎えます。とり遅れないように。

スナップエンドウは中の実がふくらんでから収穫を。収穫期間は約1カ月続きます。収穫が遅れるとすじばってしまうため、とり遅れないようにしましょう。

収穫する
こまめに収穫していかないと、次の実がならなくなるので注意しましょう。

COLUMN
サヤエンドウも同じ要領で

サヤエンドウも、スナップエンドウと同じ要領で育てることができます。ただ、スナップエンドウがサヤの中の実がふくらむのを待つのに対し、サヤエンドウはふくらまないうちに収穫します。

教えましょう！

ラクして大収穫できるアイデア
【スナップエンドウ編】

Idea-1 種とりをしよう

サヤが枯れるまで枝につけておけば、種とりもできます。
自家採種して翌年の種も用意してしまいましょう。購入の手間が省けます。

1 完全に枯れたサヤをネットに入れて、風通しのよいところに吊るしておきます。

2 サヤから中のマメをとり出します。

3 中のマメはこのような状態になっています。

4 どんどんとり出していきます。

5 びんなどに入れて保管します。雨が当たらなければ、種まきまでネット乾燥でもOK。

初心者でもカンタン！ 混植リレー栽培術

5月の畑

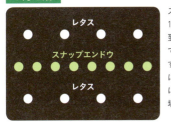

レタス
スナップエンドウ
レタス

スナップエンドウは10〜11月に種をまき、翌春4月に花が咲いて5月が収穫時期です。畝の中央に1列に植えるので、両肩にはレタスなどが栽培できます。

6月の畑

ゴマ
コマツナ
ゴマ

スナップエンドウは5月には栽培が終えられるので、それから夏の間はゴマの栽培が適しています。ゴマの間にはコマツナを。

豆類

スナップエンドウ

| 豆類 | マメ科 | ★☆☆ |

エダマメ
ダイズ
edamame

🌱 **初心者におすすめの品種**
早生香姫（みかど協和）、香姫（みかど協和）

🌱 **バリエーションを楽しめる品種**
デカ黒（みかど協和）

多く／ふつう／強い／少なめ／苗・種／ふつう／中和

栽培のポイント
・肥料は使わない。
・種まき後は鳥害対策をする。
・害虫がいないか確認しながら除草・中耕を。

栽培スケジュール

育苗／種まき／収穫
春まき／初夏まき／晩生種

気をつけたい害虫
アブラムシ、コガネムシ、ヨトウムシ、カメムシ

基本的な植え方

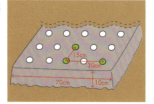

畝の幅：70cm
高さ：10cm
株間：15cm
条間：30cm

✏️ よくある失敗を防ぐコツ

実がつかない

→

コツ❶
肥料は入れない
根につく根粒菌が土の中の窒素分をとり込むため、肥料過剰にならないよう、元肥も追肥もいりません。

コツ❷
カメムシ被害にあわないようにする
カメムシがついてしまうと、せっかくサヤがついても実がふくらみません。カメムシを見つけたらすぐに捕殺しましょう。

① 畑づくり

エダマメは肥料を必要としません。そのため、あえて畝立てをしなくてもOK。

コツ ❶

エダマメの根には根粒菌がつき、空気中の窒素をとり込んで栄養にするため、施肥をすると肥料過多になって葉や茎だけが育って実が充実しないこともほかの作物の畝の端に植えても大丈夫です。

畝立てをする場合は
畝を立てる場合は、図のように条間30cmでまき溝を切ります。

根粒菌が肥料をつくる
エダマメの根についた根粒菌。次につくる作物の栄養にもなります。

COLUMN
種はマメの数ずつまくと丈夫に育つ

豆類の野菜は、サヤに入っているマメの数（2〜3個）ずつまくと根が深く伸び、丈夫に育ちます。

② 種まき

気温が低く、雨が多いときは種が腐ってしまうので、暖かく晴れた日に種まきを。

発芽をよくするには、気温・地温が十分高くなってくる5月に入ってから種まきをすると安心です。種をまいたあとは鳥害から守るため、本葉が出るまでは寒冷紗やトンネルをかけておくとよいでしょう。

種をまく
15cm間隔で深さ1cmの植え穴をあけ、ひと穴に3粒ずつまきます。

足で踏む
土を軽くかけて足で踏み、種と土を密着させます。直後の水やりはしなくてもかまいません。

鳥害防止策を
種まき直後の種は鳥（特にハト）の好物。寒冷紗のベタがけか防虫ネットのトンネルがけをしておくと安心です。

豆類 エダマメ・ダイズ

3 生育・中耕

本葉が出たら寒冷紗やトンネルをはずし、開花後は除草を兼ねた中耕を。

エダマメは元肥、追肥もいらず、生育中の手間もあまりかかりません。ただ、カメムシの餌食になりやすいので、開花後は害虫がついていないかを確認しながら、除草を兼ねた中耕を行いましょう。

生育の過程
双葉、本葉が出て、花を咲かせます。開花のころ高温が続き、雨が少ないようなら水やりを。

中耕をする
中耕をしながら畑の見回りもできます。カメムシを見かけたらすぐに捕殺しましょう。

4 収穫

サヤがふくらんできたら収穫適期です。収穫後は急速に鮮度が落ちるので注意を。

収穫適期を迎えたら試しにサヤだけをとってでき具合を確認してみましょう。十分にできていたら株ごと抜いて収穫します。葉や茎は菜園に置いて残さとして利用し、サヤだけ持ち帰るとよいでしょう。

適期を見極める
未成熟なうちは甘みがありません。適期を過ぎると内皮が硬くなってしまいます。

ダイズとして収穫したい場合は、葉茎が枯れて茶色になり、サヤをふるとカラカラ音がするようになるまで畑に置いておきます。収穫後、数日間畑で干して殻とゴミをとり除き、食用、翌年の種用にします（写真は黒ダイズ）。

ラクして大収穫できるアイデア
【エダマメ編】

Idea-1 摘芯、根を切って育苗する

晩生（p.236）品種の黒ダイズなどは、つるぼけ（p.238）して実がならないことがあります。そうさせないためにひと手間かけるとうまくいきます。

1 発芽して初生葉（p.237）が出たら抜きとります。

2 伸びている茎を切り落とします（摘芯）。

3 根も地際で切り落とします。

4 土を入れたポットに1本ずつ挿し木をします。

5 挿し木後1週間で発根し、わき芽が2本伸び始めます。もうつるぼけはしません。

初心者でもカンタン！ 混植リレー栽培術

5月の畑（エダマメ／ホウレンソウ／エダマメ）

エダマメは早生が3〜5月、中生は5〜6月、晩生が夏至前後に種をまきます。2条植えの場合、伸びるまでの間ホウレンソウなど菜っ葉を混植できます。

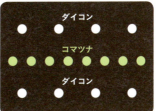

9月の畑（ダイコン／コマツナ／ダイコン）

中生種までなら夏には栽培が終わるので、その後はダイコンなど秋野菜に移行できます。

豆類

エダマメ・ダイズ

| 豆類 | マメ科 | ★★☆ |

ソラマメ
broad bean

初心者におすすめの品種
大天（みかど協和）、ハウス陵西（みかど協和）

バリエーションを楽しめる品種
初姫（みかど協和）

| 多く | ふつう | 強い | 少なめ | 苗・種 | ふつう | 中和 |

栽培のポイント
- 「お歯黒」を下にして浅植えにする。
- 花が咲いたら追肥をする。
- サヤが下を向いたら収穫する。

栽培スケジュール
■ 育苗　■ 植えつけ　■ 収穫

1	2	3	4	5	6	7	8	9	10	11	12
				■	■			■	■	■	

気をつけたい害虫
アブラムシ、ハダニ、ヨトウムシ

基本的な植え方

畝の幅：70cm
高さ：10cm
株間：45cm
条間：60cm（2条まきの場合）

よくある失敗を防ぐコツ

種が腐る

→

コツ ①

種は浅植えする
種を深く埋めると腐ってしまうので、土の中に半分くらい隠れる程度の浅植えにします。

コツ ②

予備としてポットで苗を育てておく
ポットに種を植えて苗を育てておくと、畑の種がうまく発芽しなかったときに、代わりに植え替えることができます。

① 畑づくり

畝を立てたらマルチをかけます。防草のほか、生長をよくする効果があります。

畝を立てる
堆肥、草木灰、ボカシを入れてよく混ぜ、図のように畝を立ててマルチをかけます。

② 育苗・植えつけ

お歯黒の位置に気をつけて植えます。育苗後に植えつけるほうが確実です。

種まき
お歯黒を下にしてポットに浅く植えます。

本葉が2〜3枚出たら（写真の状態）、マルチの植え穴に植えつけます。

③ 生育・追肥

植えつけたあとは冬越しです。本格的に寒くなったらトンネルがけを。

冬越し
冬の間は、急速に大きくなりません。

開花が目安
彼岸すぎに大きく伸び、開花。このころ液肥の追肥を。

④ 収穫

上を向いていたサヤが大きくなって下を向いたら、収穫の合図です。

早めに収穫、調理する
下を向き始めたら早めに収穫を。収穫後は急速に鮮度が落ちるので、早めに調理しましょう。

豆類　ソラマメ

| 豆類 | マメ科 | ★☆☆ |

ラッカセイ
peanut

🌱 **初心者におすすめの品種**
おおまさり（タキイほか各社）、千葉半立（各社）

🌱 **バリエーションを楽しめる品種**
郷の香（各社）

栽培のポイント
・種まき後、土を踏んで種と土を密着させる。
・種をまいたらすぐに防鳥対策をする。
・子房柄（しぼうへい）が土に入りやすいよう、中耕・土寄せを。

栽培スケジュール
■ 育苗　■ 種まき　■ 収穫

1	2	3	4	5	6	7	8	9	10	11	12
				■				■	■		

気をつけたい害虫
アブラムシ、ハダニ、ヨトウムシ

基本的な植え方
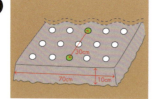
畝の幅：70cm
高さ：10cm
株間：30cm

🥜 よくある失敗を防ぐコツ

サヤが少ない、小さい

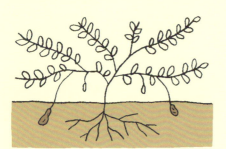

→

コツ ①
開花後、中耕・土寄せをする
花が散ったら、子房柄と呼ばれるところが土の中に入ってサヤをつくります。土に入りやすいよう、土をやわらかくしておきましょう。

コツ ②
適期に収穫する
試し掘りをして適期に収穫を。早どりではサヤの太りが不十分です。葉が枯れ始めるぐらい完熟してからとりましょう。

1 畑づくり・種まき

根に根粒菌をつくって養分をとり込むため、元肥は不要です。

畝を立てる
肥料は入れずによく耕し、図のように畝を立てます。

種をまく
3粒ずつ点まきをし、足で土を寄せて踏みます。

2 トンネルがけ

鳥害の心配があるので、種をまいたら発芽までトンネルをかけておきます。

トンネルをかける
まいた直後の種は鳥に狙われています。短期間ですが、芽が出るまでの間、防虫ネットのトンネルをかけます。

3 中耕・土寄せ

花が咲き始めたら、除草を兼ねた中耕を行い、あわせて土寄せも行います。

中耕・土寄せをする
根元の枝分かれしているところに土を寄せます。

コツ ①

子房柄の先が実に
節から伸びた子房柄が土に入り、サヤをつくります。

4 収穫

10月に入ると子房柄の先にラッカセイができています。引き抜いて収穫を。

収穫する
サヤの網目がはっきりしてきたら収穫適期です。

乾燥させる
逆さに吊って、雨に当たらないように乾燥させます。

| その他 | ショウガ科 | ★★☆ |

ショウガ
ginger

🌱 **初心者におすすめの品種**
土佐大生姜（サカタのタネ）、
三州白芽（各社）

少なく　多め　強い　ふつう　種球　強い　中和

栽培のポイント
・高温と乾燥を嫌うため、ほかの作物の陰になる場所で。
・積極的に水やりをする。
・夏に葉ショウガ、秋に根ショウガを収穫する。

栽培スケジュール  育苗　植えつけ　収穫

1	2	3	4	5	6	7	8	9	10	11	12
							葉ショウガ		根ショウガ		

基本的な植え方

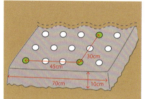

畝の幅：70cm
高さ：10cm
株間：30cm
条間：45cm

よくある失敗を防ぐコツ

芽が出ない

→

コツ ①

適期に植えつける
遅霜の被害を受けないよう、霜の心配がなくなってから植えつけます。植えつけ前後は、気温の動向をよく観察しておきましょう。

コツ ②

水を十分に与える
湿り気のある環境を好むので、水やりは積極的に。ただ、水の勢いが強すぎると表土が流れてしまうので、注意しましょう。

① 畑づくり・植えつけ

強い光を嫌うので陰になりやすい場所で育てます。暖かくなったら植えつけを。

コツ ❶

畑を準備する
堆肥、草木灰、ボカシを入れて混ぜ、畝立てをします。

植えつける
芽を上にして、深さ5cmになるように置きます。

② 土寄せ・水やり

草が生えているときは中耕・除草を、乾燥しているときは水やりをします。

コツ ❷

土寄せ
除草を兼ねた中耕をして、土を株元に寄せておきます。

水やり
葉が巻いてきたら乾燥している証拠。水やりをします。

③ 収穫

葉ショウガを楽しみたいなら夏に一部を収穫、葉が枯れてきたら根ショウガを。

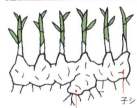

引き抜いて収穫
一株ごとにまとめて茎を持って引き上げて収穫します。

ヒネショウガと子ショウガ
一株のショウガはこのようになっています。

ヒネショウガ(種ショウガ)　子ショウガ

教えましょう！
ラクして大収穫できるアイデア
【ショウガ編】

Idea-1 芽出し植え

ショウガは直に植えてもなかなか芽が出ません。芽を出させてから植えるとよいでしょう。

大きな種ショウガを割ります。

1個が20〜30gになるよう、小分けします。

切り口に草木灰をつけ、腐りにくくします。

育苗箱に並べて土をかけ、暖かい場所へ。

その他　ショウガ

| その他 | バラ科 | ★★★ |

イチゴ
strawberry

初心者におすすめの品種
とちおとめ（各社）、カレンベリー（各社）

バリエーションを楽しめる品種
紅ほっぺ（各社）

多く／ふつう／弱い／ふつう／苗で／ふつう／中和

栽培のポイント
・子株を養成して苗にする。
・苗はクラウンが隠れないように植えつける。
・翌春に伸び始めたら、追肥をする。

栽培スケジュール
■育苗　■植えつけ　■収穫

1	2	3	4	5	6	7	8	9	10	11	12

気をつけたい害虫
アブラムシ、ハダニ、ヨトウムシ

基本的な植え方
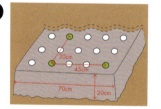

畝の幅：70cm
高さ：20cm
株間：30cm
条間：45cm

よくある失敗を防ぐコツ

あまり実がならない

コツ❶ 葉かきをする
春になって葉がどんどん出てきたら、越冬中に枯れた葉をかいてとり除き、生長を促します。

コツ❷ 受粉虫がいないときは人工授粉をする
畑の近くにハチやアブなどの受粉虫がいないときは、人工授粉をすると、実が多くつきます。

① 苗づくり

苗づくりは長期間にわたるので、最初は苗を購入してもよいでしょう。

健康な親株を入手して植えつけ、ランナー（実がなったあとのほふく枝が伸びていき、地面につくとそこで子株をつくります）を出して苗とりをします。初夏から10月ごろまでかかりますが、イチゴ栽培の醍醐味。

イチゴ苗のしくみ
親株からランナーを通じて子株ができていきます。このうち第1子株は親株からウイルスを受け継いでいる可能性もあるので使用せず、第2、第3の子株だけを苗づくりに使います。

子株をとる
親株から2番め、3番めの子株を摘みとります。このとき、ランナー片を3cmくらい残しておきます。

子株を養成する
子株を充実させるため畑に植えます。マルチをかけると雑草防止に。10月に苗を抜き、古い葉をとり除きます。

② 畑づくり・植えつけ

養成した子株を植えつけます。畑は十分施肥をして畝を立てます。

イチゴの花はランナーとは反対側につきます。畝の外側に実がなるようにするなら、ランナー片を畝の内側に向けることが大切です。子株は浅めに植えつけるようにします。

畝を立てる
堆肥、草木灰、ボカシを入れて混ぜ合わせ、図のように畝を立てます。

植えつける
図の位置に、ランナーが畝の内側に向くようにして植えつけます。

浅めに植えつける
葉が集まっていて生長点になっているクラウン（p.236）が埋まらないよう、浅植えにします。

③ 越冬・マルチがけ

植えつけてしばらくすると休眠状態に。このまま越冬させ、春にマルチがけを。

11月中旬ごろから休眠に入ります。葉が地面に這うようになり、寒さに耐えます。この間の作業はありません。春先に新芽が伸び始めたらマルチをかけ、穴をあけて苗を引き出します。

越冬させる
寒さに十分当てることで、丈夫な苗になります。厳寒期は根元にワラをかけても。休眠中は見守っていましょう。

マルチがけ
3月に入るころ、枯れた葉や雑草をとり除いてボカシを株間にまき、苗のそばに目印用の割りばしを挿してマルチをかけます。

苗を引き出す
穴をあけて苗を引き出します。

④ 葉かき・追肥・収穫

マルチをかけて1カ月たつと苗がすっかり元気に。葉かきや追肥も行えます。

新しい葉が出揃い、花が咲き始めたら、冬をのり越えた葉の葉かきをします。開花後には数回、追肥も行います。開花後30日たてば収穫期です。家庭菜園なら、赤く完熟したものから順に収穫していきましょう。

コツ ①

葉かきをする
葉かきをするときは途中で折らず、クラウンのまわりをはぐようにかきます。

追肥をする
適切に薄めた液肥（ここではヨモギ発酵液と生ゴミ液肥）をマルチの中と葉に散布します。

収穫する
赤く熟したら待ちに待った収穫。早朝の気温の低いうちに、ヘタをつけたまま摘みとります。

ラクして大収穫できるアイデア
【イチゴ編】

Idea-1 ランナー先端挿し

畑の切り替えを早められる

子株栽培は親株から2、3番めの子株を使いますが、子株になるまで待っていると畑の切り替えが遅くなります。まだ根がついていない先端部分も移植して育苗します。

1 まだ根がないランナーの先を3cmぐらい切り、挿し木をします。

2 やがて根が出て生育し始めます。

3 次々と葉が出るので、雑草に負けないよう、中耕除草します。

4 秋冷の9月終わりから10月に、苗を本園に移植します。

Idea-2 ナミハナアブ受粉

形のよいイチゴになる

福田さんはいろいろなハチやアブを採集してきて観察し、もっともイチゴの受粉に適していたのがナミハナアブだったといいます。

イチゴの花が咲くころ、秋なら11月の菊の花、春なら菜の花にナミハナアブがくるので採集してきてイチゴの近くで放すと(温室があるときは温室内に放す)、受粉してくれます。人工授粉の手間が省けるだけでなく、形のよいイチゴがとれます。

🚩 初心者でもカンタン！ 混植リレー栽培術

5月の畑

イチゴ
イチゴ

イチゴは温室の促成栽培は別として、露地植えでは秋に苗を植えつけ、越冬後3月にマルチをかけて収穫は5月になります。冬の間は成長が鈍いので菜っ葉なら端に混植もできます。

7月の畑

晩生エダマメ
晩生エダマメ

5月に栽培が終わったイチゴからはランナーが出て増殖が始まります。苗をとったあとは晩生のエダマメを植えるタイミングです。

| その他 | ウリ科 | ★★☆ |

スイカ
watermelon

🌱 **初心者におすすめの品種**
縞王（大和農園）、FRマダーボール（みかど協和）

🌱 **バリエーションを楽しめる品種**
ゴールドマダーボール（みかど協和）

多く　ふつう　弱い　ふつう　苗で　ふつう　中和

栽培のポイント
・つるが大きく伸びるので十分な栽培スペースを。
・つるが伸び始めたらワラを敷く。
・人工授粉する。

栽培スケジュール
■ 育苗　■ 植えつけ　■ 収穫

1	2	3	4	5	6	7	8	9	10	11	12
		育苗	育苗	植えつけ		収穫	収穫				

気をつけたい害虫
アブラムシ、ハダニ、ヨトウムシ、ウリハムシ

基本的な植え方
畝の幅：70cm
高さ：20cm
株間：75cm

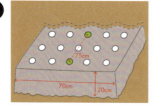

よくある失敗を防ぐコツ

実がならない

→

コツ①　人工授粉をする
確実に着果させるためには、人工授粉を。雄花をとって、雄しべを雌花の雌しべにこすりつけます。

コツ②　つるを動かさない
花が咲いたあとは、つるをあまり動かさないほうが、よく実がつきます。

① 苗づくり

苗づくりは温度管理が難しいので、初めての人は苗を購入してもよいでしょう。

苗は温度管理ができる場所で育てます。種は大きめのポットにまき、発芽して本葉が見え始めたら1本ずつ小さいポットに移植します。育苗期間中は床温を25℃に保ち続けます。

種を割る
種はよく水を吸うように、ペンチで割って、発芽口をあけておきます。

種をまく
大きめのポット（10.5cm～12cm）に培養土を入れ、種を1cmの深さに押し込み、床温を25℃に保ちます。

移植する
約1週間後、本葉が見え始めたら、ポット（12cm）に1本ずつ移植します。

② 畑づくり・植えつけ

日当たりがよく、水はけのよい場所を選んで畝を立てます。

肥料が多すぎると葉や茎ばかりが大きく伸び、実がよくならない（つるぼけ）ことがあるので、元肥は多すぎないように施します。苗を購入する場合は、購入してすぐ植えられるようにしておきましょう。

肥料を施す
堆肥、草木灰、ボカシを適量入れて、表土をよく混ぜます。

畝を立てる
図のように畝を立てて、マルチをかけます。

植えつける
本葉が4～5枚になった苗を植えます。大きく広がって伸びるので株間は十分にとりましょう。

3 敷きワラ・授粉

つるが伸び始めたらワラを敷き、花が咲いたら人工授粉をします。

敷きワラにはいろいろな役目があります。土の乾燥や葉、実への泥はねの防止のほか、つるが巻きついて生長するのも助けます。確実に着果させるために、授粉も行っておいたほうがよいでしょう。

ワラを敷く
つるが伸び始めたらすぐにワラを敷きます。つるがワラをつかんで安定して大きくなっていきます。

伸びる先にも敷きワラを
つるがあるところだけでなく、これから伸びていくところにも敷きワラを。実をしっかりつけるため、つるはあまり動かさないようにします。

コツ ❷

授粉をする
雌花が咲いたら、雄花を摘んで雄しべの花粉を雌しべにこすりつけます。

コツ ❶

雄花

雌花

4 マット敷き・収穫

実がある程度大きくなったら、マットを敷いて収穫を待ちます。

実が大きくなってきたら、実の下にマットを敷くとお尻が黄色くならずにすみます。ただ、あまり早くからマットを敷いてしまうと結実しない場合も。授粉から50日ほどで収穫時期を迎えます。

マットを敷く
スイカ専用のマットのほか、食品トレイに水抜き用の穴をあけて使ってもよいでしょう。

残さで日よけを
日差しが強いときは、残さや刈った雑草などを実にかぶせておきます。鳥害防止にもなります。

収穫する
果柄から出る巻きづるの色が枯れて茶色がかってきたらそろそろ収穫です。果柄をハサミで切って収穫します。

教えましょう！

ラクして大収穫できるアイデア 【スイカ編】

Idea-1 立体栽培

狭いスペースでも栽培できる

合掌式の支柱やひも支柱など、すでにほかの作物に使ったあとの支柱を使ってもスイカ栽培が可能です。実が大きくなったら落ちないよう、ネットやひもで支えておきます。

1

2

3

果実がなったらひもで吊りますが、完熟するとへたがはずれて落下します。ひもやネットなどで実を支えておきましょう。

Idea-2 敷きワラにライ麦

ライ麦を育ててワラを使おう

スイカだけでなく、野菜づくりに重宝するのがワラ。稲ワラはなかなか手に入りにくいので、畑の隅で育てやすいライ麦を栽培してみるとよいでしょう。

1

10月に、畑の片隅にライ麦をバラバラとすじまきします。

2

春に大きく伸び始めます。

3

4～5月にかけて刈りとります。

4

6月に採穂して雨の当たらない場所に吊り、種まきまで乾かします。

🚩 **初心者でもカンタン！** 混植リレー栽培術

5月の畑

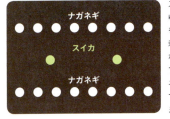

スイカは株間75cmでゆったり植えてつるを3～4本伸ばして栽培します。ウリ科なのでコンパニオンプランツとしてナガネギを落とし植えしておくと効果があります。

9月の畑

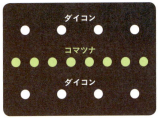

春植えのスイカは夏で終わります。9月にはダイコンなど秋野菜に移行します。

その他 スイカ

| その他 | ウリ科 | ★★★ |

メロン
melon

- **初心者におすすめの品種**
  ころたん（サカタのタネ）、プリンスメロン（サカタのタネ）
- **バリエーションを楽しめる品種**
  タマゴウリ（自家採種）

多く　少なめ　弱い　ふつう　苗で　弱い　中和

栽培のポイント
・雨に弱いため、雨よけができる場所で栽培する。
・つるが伸び始めたらつる上げをする。
・実をつける枝は摘芯する。

栽培スケジュール
■育苗　■植えつけ　■収穫

1	2	3	4	5	6	7	8	9	10	11	12
	■	■	■			■					

気をつけたい害虫
アブラムシ、ハダニ、ヨトウムシ

基本的な植え方
畝の幅：70cm
高さ：20cm
株間：30～40cm

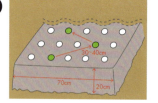

よくある失敗を防ぐコツ

実がならない

→

コツ 1
摘芯をする
根元がふくらんだ雌花を充実させるため、花が咲く直前に、花の上の葉を残して摘芯をしておきます。

コツ 2
人工授粉をする
雌花には雌しべも雄しべもあります。花が咲いたら、午前中の早い時間に筆などで花の中をかき回して人工授粉します。

① 苗づくり

苗づくりに慣れていなければ市販の苗を使ってもかまいません。

最初は加温して育苗し、植えつけに向けて少しずつ外気温に慣らしていく必要があり、苗づくりはやや高度です。でも、種から育てたメロンを味わえるのは格別。ほかの野菜の苗づくりに慣れてきたら、挑戦を。

ポットにまく
培養土を入れたポットに種を数粒まき、深さが1cmになるように土をかけます。

移植する
双葉が出たら1本ずつポットに移植します。

温度管理をする
種まき後は床温が25℃を保つようにし、移植後は徐々に外気温に慣らすようにします。

② 植えつけ

栽培法にはいくつかありますが、ここでは立体栽培でのやり方を紹介します。

メロン栽培に水は天敵です。雨をよけられるように大きめのトンネルで覆うことができるところに畝を立てましょう。地面につるを這わせる栽培法の場合、畝の幅は135cmくらい広めにとりましょう。

苗を摘芯
側枝を出させるため、苗の先端の成長点を摘芯します。

植えつける
畝を立ててマルチをかけ、苗を植えつけます。

植えつけ後
植えつけたら、苗の周囲に敷きワラ（写真は刈りとったばかりのライ麦。これでもOK）をします。

その他 メロン

3 つる上げ・追肥

つるが伸び始めたら、支柱を立てて、つるが上に伸びるように誘引します。

立体栽培なので、支柱を用意します。キュウリの支柱やひも支柱など、すでにあるものを使ってもよいでしょう。新たに立てる場合は両側に支柱を立て、上部に支柱間をわたす管をとりつけてひもを垂らしましょう。

支柱に誘引する
支柱につるを巻きつけます。誘引後、上から大きなトンネルをかけ、雨が当たらないようにします。

ひも支柱に誘引する場合
いちばん元気のよいつるの根元を上から垂らしたひもで結び、巻きつかせるようにします。

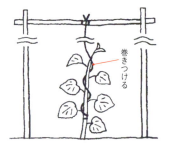

4 摘芯・人工授粉

確実に大きく実をならせるため、摘芯をします。

立体栽培の場合、親づるを伸ばしていき、12〜13節付近の雌花を着果させるため、その先を摘芯します。メロンの花は両性花なので、人工授粉させます。

コツ ❶ ひとつるに1果
それぞれのメロンを大きく育てるなら、あまり欲張らずに1本のつるに1つの実をならせるようにします。

コツ ❷ 早朝に授粉する
人工授粉は早朝のうちに行います。授粉後、雌花の根元が黄色くなったものは着果しないので、次の実の授粉を。

絵筆で授粉しても
メロンの雌花には雌しべも雄しべもあるので、絵筆で花の中をかき回して授粉させることもできます。

⑤ 玉支え・収穫

大きく育てるため、収穫間際にはかなりの重さに。ネットやひもで支えます。

立体栽培の場合、鶏卵大になったところで玉支えをします。ひもで吊るしたり、吊るしたネットの中で大きくなるようにするとよいでしょう。支えておくことで、完熟してヘタ落ちしたものもおいしく食べられます。

収穫の目安
品種によりますが、一般には実がなっている枝の葉がマグネシウム不足により、黄色になってきたころが収穫の目安です。

収穫する
開花後40〜45日で実が熟します。玉支えをしていれば自然に落ちたものを受け止めます。

教えましょう！ ラクして大収穫できるアイデア 【メロン編】

Idea-1 種とり

メロンは完熟で収穫するので中に入っている種は充実しており、一代交代種でも次世代につなぐ種に。

中のワタとともに水の中にとり出し、沈んだものを紙の上に広げて天日乾燥し、ポリ袋に入れて冷蔵保管します。

🚩 初心者でもカンタン！
混植リレー栽培術

5月の畑

メロンは地這い栽培もできますが、立体栽培もできます。できれば雨よけがあったほうが病気も出ず、よい結果に。ウリ科なのでコンパニオンプランツのナガネギとの混植が効果的です。

9月の畑

メロンは夏には栽培が終わるので、9月からはブロッコリーやキャベツなどの秋野菜に移行します。

| その他 | セリ科 | ★★☆ |

パセリ
parsley

🌱 **初心者におすすめの品種**
瀬戸パラマウント（サカタのタネ）、カーリ・パラマウント（タキイ種苗）

🌱 **バリエーションを楽しめる品種**
イタリアンパセリ（サカタのタネ）

栽培のポイント
・ほかの作物の畝の端に少量育てる。
・苗を購入して育ててもよいでしょう。
・木漏れ日程度の日当たりがあれば育ちます。

栽培スケジュール
 育苗　種まき　収穫

1	2	3	4	5	6	7	8	9	10	11	12
		育苗	種まき			収穫	収穫	収穫	収穫	収穫	

気をつけたい害虫
アブラムシ、ハダニ、キアゲハ

基本的な植え方
大量に使うものではないので、ポット育苗後、苗は畝の端に数株も植えれば十分です。株間は30cm程度。

育て方
畑の隅に数株育てて、外葉をかきとって収穫します。

植えつける
ポットなどに種をまき、本葉が出たら畑の隅などに植えつけます。発芽までに2〜3週間かかります。

収穫する
葉が15枚くらいになったら収穫を始めます。外葉から少しずつかきとっていきます。

採種する
パセリの花は美しいので観賞ついでに数株畑に残し、枯れたら乾かして種とりをしてみましょう。

その他　シソ科　★★☆

バジル
basil

🌱 **初心者におすすめの品種**
スイートバジル（サカタのタネ）

🌱 **バリエーションを楽しめる品種**
バジリコ・リモーネ（トキタ種苗）

多く　多め　強い　多い　種で　強い　酸性土

栽培のポイント
・遅霜の心配がなくなってから種まきを。
・先端の芽を摘みとってわき芽をたくさん出す。
・つぼみができたら早めに摘みとる。

栽培スケジュール
■育苗　■種まき　■収穫

1	2	3	4	5	6	7	8	9	10	11	12
		■	■	■	■	■	■	■	■		

気をつけたい害虫
アブラムシ、ハダニ、ヨトウムシ

基本的な植え方
特に献立ては必要なく、畑の隅で育てます。1カ所に4〜5粒の種を点まきして、発芽したら1本に間引きます。

育て方
一度栽培したら、翌年からはこぼれ種から旺盛に生長します。

暖かくなってから育てる
バジルは暖かいところを好むので、露地栽培なら、十分に暖かくなってから種まきをします。

花が咲くと味が落ちる
常に先から3〜4段あたり上を摘みとりながら収穫します。花が咲くと味が落ちてしまいます。

種とりもできる
花が咲いてしまったときはそのまま残して穂を乾燥させ、手のひらで転がすと種がはずれます。

ハーブ類

Column.4
畑を借りよう

貸し農園にはいろいろなタイプのものがあります。近所で手軽に楽しむのもよし、
滞在型農園で週末をのんびり過ごすのもよし。詳細は施設または運営団体に問い合わせてみましょう。

家庭菜園は家に庭がなくても楽しめます。以前から自治体や民間による市民農園はありましたが、近年は趣向をこらした農園施設も増えてきました。家族のレジャーを兼ねて農園を利用するのもよいでしょう。「まったくの初心者で本当に育てられるか不安」という場合なら、指導者がいたり、農具も借りられたりする施設がおすすめです。近くに知り合いの農家があれば、直接交渉して畑を借りる方法もあります。野菜づくりと関わる度合いやライフスタイルによって選んでみましょう。

 ### 市民農園（自治体運営）

安い利用料で決められた区間をレンタルします。自治体によって1年更新、2年更新など利用期間が異なります。また更新時は更地にして返す義務があったり、有機・無農薬農業利用の制限があったりする場合もあり、事前にしっかり確認を。

 ### 市民農園（民間・NPO運営）

自治体が運営する農園に比べて利用料は高め。ただ、農具の貸し出しがあったり、利用者同士の交流を手助けするイベントが開催されたりするなどのメリットも。ホームページなどで情報収集してみましょう。

 ### 農業体験農園

ただ場所を借りるだけの市民農園と違い、専門家の指導を受けながら、年間を通しての作業・収穫を行っていく施設。農具も備えつけられていることが多いので、初心者でも安心して始められます。市民農園に比べれば利用料はやや高めでしょう。

 ### クラインガルテン

ドイツが発祥の滞在型貸し農園。近年、日本でも各地に誕生しています。週末や休日に併設の宿泊施設に滞在しながら、じっくり農作業を楽しむことができます。将来は移住して農業を行ってみたいと考えている場合の準備にも向いています。

借りたとき【福田さんが借りている畑の例（練馬区のJA東京あおばファミリー農園）】

3月15日から翌年2月15日までの1年契約で、同じ区画を毎年更新しています。

縄張りされた区画にボカシ肥料、草木灰、生ゴミ堆肥を入れます。

表土に肥料を混ぜ合わせたら、畝を立てます。

南北に畝を3本立てると、狭いスペースが有効利用できます。

利用初日に、準備した苗の植えつけと種まきまでをやっています。

そのあとはすぐに防虫ネットのトンネルをかけます。

トンネルは虫害防止だけでなく防霜、防風の効果もあります。

返すとき【福田さんが借りている畑の例（同）】

年が明け、残りものの収穫が終わった時点で片づけに入り、更地にして返します。

春からかけていたマルチをはがします。

マルチの中の土は、耕さなくてもほかほかです。

返却の際はマナーとして土づくりをします。

溝を掘って、ブロッコリーの茎などの残さを、深く埋め込みます。

残さを入れた穴を埋め戻し、レーキで平らにならします。

区画全面が更地になり、返還となります。利用者が返却したあとは、毎年、全園がトラクターで耕されます。

野菜づくり用語集

あ

アーチ支柱（あーちしちゅう）
トンネルがけ用に最初からアーチ形になっている支柱。

穴あきマルチ（あなあきまるち）
あらかじめ植え穴用の穴があけられているマルチング材。

油かす（あぶらかす）
アブラナやダイズなどから油分を搾りとったかす。窒素分が多い。

育苗（いくびょう）
種をまいて畑に植えつけられる状態になるまで育てること。苗床やポット、育苗箱などで育てる。

育苗箱（いくびょうばこ）
種まきや挿し木などをして苗を育てたり、育苗ポットをまとめて管理するために使うトレイ形の箱。

育苗ポット（いくびょうぽっと）
育苗に使うやわらかいポリ製の鉢。

一代交配種（いちだいこうはいしゅ）
遺伝的に異なる性質の両親をかけ合わせてつくった雑種の一代めの品種。F₁品種ともいう。

一番花（いちばんか）
一つの株で最初に咲く花。

一番果（いちばんか）
一つの株で最初につける果実。

一本仕立て（いっぽんじたて）
隣り合う株や苗を間引いて、一本だけで育てること。

畝（うね）
野菜を育てるために耕した土を盛り上げたもの。

液肥（えきひ）
液状の肥料。多くは水で薄めて使う。

晩生（おくて）
品種の中で、収穫までの期間が比較的長いもの。

遅霜（おそじも）
晩春から初夏にかけておりる霜。作物に被害を与える。

落ち葉堆肥（おちばたいひ）
落ち葉を発酵させてつくる堆肥。

落とし植え（おとしうえ）
ナガネギを植えつけるときに、深さ30cmの穴をあけ、そこにネギの苗を落とし込んで植える方法。

お歯黒（おはぐろ）
ソラマメの芽と根が出る黒くなっている部分。

雄花（おばな）
単性花で雌しべはなく、雄しべだけをもつ花。

親づる（おやづる）
つる性の植物で双葉から最初に伸びるつる。

か

化学肥料（かがくひりょう）
化学工業的につくられた肥料。そのうち化成肥料とは窒素、リン酸、カリのうち2種以上含まれているもの。

垣根栽培（かきねさいばい）
フェンス状の垣根に園芸用支柱をとりつけて、つるもの野菜を誘引して栽培する。

果梗（かこう）
果実と茎をつなぐ柄の部分。

果菜類（かさいるい）
果実や種を食べる野菜。トマト、キュウリ、ナスなど。

活着（かっちゃく）
植えつけた苗がしっかり根づいて、生長を始めること。

株間（かぶま）
株と株の間隔。野菜によって適切な間隔がある。

果柄（かへい）
→果梗のこと。

カリ（かり）
カリウムのこと。肥料の三大要素の一つ。

クラウン（くらうん）
イチゴなどに見られる、地際の節間が短い茎の部分とその下の根茎の部分で、王冠のようになっている。この部分を埋めないように植えつける。

黒マルチ（くろまるち）
黒いマルチ用のポリエチレンフィルム。

欠株（けっかぶ）
規則的に並べて植えた苗、種のうち、うまく育たずに畝の中であいてしまったところ。

結球（けっきゅう）
キャベツやハクサイなどが、内側の葉を巻き込んで球状になること。

更新剪定（こうしんせんてい）
ナスなど、もう一度生長させて果実を収穫する目的で、一度葉茎を大きく刈りとること。

極早生（ごくわせ）
収穫までの期間がとても短いもの。

子づる（こづる）
親づるから伸びたつる。

固定種（こていしゅ）
何代も採種をくり返して特徴が固定され、親と同じ性質のものができる品種。

根菜類（こんさいるい）
ダイコン、ニンジンやイモ類など大きく育った地下部を食べる野菜。

混植栽培（こんしょくさいばい）
数種の野菜を同じ畝で育てること。病害虫を予防したり、お互いの生長を助けたりする。

混植リレー栽培（こんしょくりれーさいばい）
混植をしながら、栽培する野菜をバトンタッチしていく方法。畝にはつねに何らかの作物がある。

コンパニオンプランツ（こんぱにおんぷらんつ）
異なる作物を近くに植えることで、病害虫を防いだり、生育を向上させる植物。

根粒菌（こんりゅうきん）
マメ科の植物に寄生する微生物の一種で、窒素化合物を生成する。

さ

逆さ植え（さかさうえ）
サトイモなどを植えるとき、芽が出る方を下にして植える方法。ストレスがかかり収穫量が増える。

作型図（さくがたず）
寒冷地、温暖地、暖地などの気候区分による栽培時期が示された図。種袋にも記されている。

挿し木（さしき）
植物から切りとった茎や枝を土に挿し、新たに芽を出させて増やすこと。

残さ（ざんさ）
野菜を収穫したあとに残る葉や茎などのこと。

シーダーテープ（しーだーてーぷ）
テープの中に一定間隔で種が封入されたもの。

自家採種（じかさいしゅ）
栽培した作物から種をとること。

敷きワラ（しきわら）
ワラを畑の土の表面に敷き、暑い日差しや寒さ、乾燥から守り、雑草よけ、泥はね防止の役目をする。

支柱（しちゅう）
野菜の苗が倒れないように支えたり、つる性の植物のつるが伸びやすいように立てておく棒。

地這い栽培（じばいさいばい）
つる性の植物を、地面に這うように栽培する方法。

四福（しふく）
四万十式野菜づくりを行う沖田さんと福田さんが開発したアルミ製の「溝つけくん」改良品。

樹勢（じゅせい）
株の勢い。勢いが適度によいことで順調に生育する。

条間（じょうかん）
すじ状に植えた苗や種の、すじとすじの間。

初生葉（しょせいよう）
子葉（双葉）の次に出てくる葉。一般には本葉だが、マメ科の植物は本葉の前に出る葉をさす。

主枝（しゅし）
株の中心になるもっとも太いもの。

シルバーマルチ（しるばーまるち）
銀色のマルチフィルム。その反射を虫が嫌う。

人工授粉（じんこうじゅふん）
人工的に授粉させること。雄しべの花粉を雌しべの柱頭につける。

深層土（しんそうど）
畑では30cmから1mくらいまでの土。

すじまき
畝に溝をつけて、種を1列にまくこと。

整枝（せいし）
摘芯やわき芽かきなどを行い、風通しや日照をよくして株の成長や健康を促進し、収穫量を上げる。

節間（せつかん）
節とは葉が茎についている部分。節と節の間の茎のこと。

施肥（せひ）
畑の土に肥料を施すこと。

草木灰（そうもくばい）
草や木の枝を燃やした灰で、肥料や土壌改善、病害虫予防などに使う。

側枝（そくし）
主枝から生える葉のつけ根から伸びる枝のこと。

外葉（そとば）
キャベツやレタスなどの外側の葉。中に出てくる葉を守る。

た

堆肥（たいひ）
落ち葉や生ゴミ、ワラなど動植物由来のものを積み重ね、微生物によって分解・発酵させてつくる肥料。土壌改良材や肥料として使う。

高畝（たかうね）
通常の高さ（10〜20cm）にくらべて高い（20〜30cm）畝。水はけがよくなる。

種イモ（たねいも）
種として最初に植えるイモ。

種球（たねきゅう）
ニンニクやラッキョウなど、種として最初に植える球根。

窒素（ちっそ）
肥料の三大要素の一つ。茎や葉を生長させる。

着果（ちゃっか）
受粉して果実が生長し始めること。

中耕（ちゅうこう）
降雨や水やりで硬くなった土を耕すことでやわらかく、通気性をよくすること。

鳥害（ちょうがい）
ヒヨドリやカラスなどの野鳥に葉や果実、まいた種を食べられること。

追肥（ついひ）
作物が育ち始めてから、生育状態に合わせて施す肥料。

接ぎ木苗（つぎきなえ）
病気に強い台木に接いでつくられた苗。

土寄せ（つちよせ）
作物を植えつけたあと、周囲の土を株元に寄せ集めること。倒れるのを防いだり、土中の作物の生長を促す。

つるぼけ
肥料過多（特に窒素分）によって、つる、茎、葉ばかり茂りすぎてあまり花がつかず、実がならないこと。

摘芯（てきしん）
茎の先端を摘みとることで、高く生長するのを抑えたり、わき芽をたくさん出させること。

天地返し（てんちがえし）
表面の土と深いところにある土を入れ替え、土をリフレッシュさせること。

点まき（てんまき）
一定の間隔で種を数粒ずつまくこと。

トウ立ち（とうだち）
収穫適期を過ぎたり、日照時間や気温の変化などによって花芽をつけた茎がのびてくること。

透明マルチ（とうめいまるち）
透明なポリフィルムのマルチ。

トンネル（とんねる）
畝の上に支柱をアーチ状に立て、防虫ネットなどでトンネル状に覆ったもの。防寒、防風、防虫などの役割を果たす。

な

苗床（なえどこ）
種をまいてから畑に植えつけるまでの苗を育てる場所。

波板栽培（なみいたさいばい）
畝につくった斜面に波板を置き、土をのせてナガイモやゴボウを栽培する方法。

軟白部（なんぱくぶ）
ナガネギなど遮光することで白くやわらかく育った部分。

二番果（にばんか）
一つの株で二番めにつける果実。

根鉢（ねばち）
苗を植え替えるためにポットからはずしたときについてくる土と根の塊。

は

培養土（ばいようど）
育苗やコンテナ栽培のために、数種類の土や肥料、堆肥などを混ぜ合わせてある土。園芸店などで市販されている。

葉かき（はかき）
葉を減らして栄養分を効率よく行きわたらせたり、日当たりや風通しをよくすること。

発芽率（はつがりつ）
まいた種のうち発芽する確率。

初なり（はつなり）
一つの株で初めてなった果実のこと。

ひも支柱（ひもしちゅう）
上部から吊るしたひもを支柱として枝やつるを誘引するもの。

表層土（ひょうそうど）
畑では、表面から深さ30cmまでの土。

袋栽培（ふくろさいばい）
ゴボウなどを、肥料などが入っていた丈夫な袋に入れた用土で栽培すること。

噴霧器（ふんむき）
液肥や薬剤などを霧状に散布するときに用いる器具。

ヘアピン杭（へあぴんくい）
防虫ネットやポリフィルムなどをとめるU字形のヘアピン状の杭。

ベタがけ
種をまいたあとや苗を植えつけたあとに、支柱を立てずに不織布などをそのままかぶせておくこと。防寒、防風、防虫などの効果がある。

ペレット種子（ぺれっとしゅし）
発芽しやすいようにコーティングされた種。

防草シート（ぼうそうしーと）
敷いておくことで雑草が生えるのを抑えるシート。

防虫トンネル（ぼうちゅうとんねる）
防虫のために防虫ネットをかけてつくるトンネル。

ホームタマネギ（ほーむたまねぎ）
タマネギ栽培の場合、育苗が必要だが、ある程度まで育った小球のタマネギを植えつけることで手間が減らせ、冬に新タマネギを収穫できる。この植えつけ用のタマネギ。

ボカシ肥料（ぼかしひりょう）
土（本書では土の代わりにヨモギ発酵液を使用）に米ぬかや魚粉などの有機質肥料を混ぜて、微生物によって発酵させた肥料。速効性があり、家庭菜園に向いている。

ま

巻きひげ（まきひげ）
ほかのものに巻きついて本体を支える細いひげ状のもの。キュウリなどウリ科の野菜に見られる。

孫づる（まごづる）
親づるから伸びた子づるから出てきたつる。

間引き（まびき）
大きく育てていく株だけを残して、ほかの株を引き抜くこと。元気な株を残して弱い株を抜く。

マルチング（まるちんぐ）
ポリフィルムなどで土の表面を覆うこと。ワラや残さなどもマルチとして使える。

芽かき（めかき）
不要なわき芽を摘みとること。

雌花（めばな）
単性花で雌しべだけがある花。雄しべはもともとないか退化している。

木酢液（もくさくえき）
炭焼きの過程でとれる抽出液。土壌改良、防虫などの効果がある。

元肥（もとごえ）
種まきや苗の植えつけを行う前に、あらかじめ畑にすき込んでおく肥料。

や

ヤングコーン（やんぐこーん）
トウモロコシの未熟な穂を摘果したもの。やわらかくそのまま調理して食べられる。

誘引（ゆういん）
つる性の植物を支柱に結びつけたり、ネットなどに誘導すること。

有機質肥料（ゆうきしつひりょう）
動植物由来の有機物からできている肥

料。肥料になるほか、土壌を改善する効果もある。

有機・無農薬栽培（ゆうきむのうやくさいばい）
化学肥料や科学的に合成された農薬をまったく使用せず、堆肥や有機資材だけを使って行う栽培法。

葉菜類（ようさいるい）
キャベツやブロッコリーなど葉、茎、花を食用とする野菜。

ら

ランナー（らんなー）
親株から横に、地面を這うように伸びる茎。子株からも伸び、孫株、ひ孫株と増えていく。イチゴなどに見られる。

離層部（りそうぶ）
果実や葉が自然落下しやすいように果梗に生じる特別な組織。

立体栽培（りったいさいばい）
つる性の作物を地這い栽培せずに、つるを垂直方向に上に伸ばす栽培法。

リレー栽培（りれーさいばい）
収穫が近づいた作物のそばにこれから栽培する作物を植えて、畝に空白をつくらない栽培法。限られた畑で多くの作物を効率よくつくることができる。

リン酸（りんさん）
肥料の三大要素のひとつで、根、新芽、花や実を生長させる働きがある。

レーキ（れーき）
櫛形の刃をもち、畑の表面を平らにしたり、刈りとった雑草を集めたりするのにも使う。

連作障害（れんさくしょうがい）
同じ場所で同じ作物をつくり続けているときに起きる生育不良などの障害。特定の栄養素が欠乏したり、病害虫が増殖することで起きる。

ロケットストーブ（ろけっとすとーぶ）
燃焼室をもたないストーブ。身近な材料で自作するケースが多い。

露地植え（ろじうえ）
ビニールハウスやトンネルを使わずに、外で自然のままに栽培する方法。

ロゼット（ろぜっと）
葉が地面に張りついたように円盤状に広がっていくこと。

わ

若どり（わかどり）
果実が十分に大きくなる前に早めに収穫すること。

わき芽（わきめ）
茎から伸びた葉のつけ根に生える芽。生長すると側枝になる。

早生（わせ）
品種の中で、収穫までの期間が比較的短いもの。

【野菜別INDEX】

あ	アスパラガス	162
	イチゴ	220
	インゲン	202
	エダマメ	210
	オクラ	92
か	カブ	174
	カボチャ	96
	カリフラワー	156
	キャベツ	114
	キュウリ	78
	ゴボウ	194
	ゴマ	110
	コマツナ	126
さ	サツマイモ	186
	サトイモ	190
	シシトウ	84
	スイカ	224
	シソ	166
	ジャガイモ	182
	シュンギク	130
	ショウガ	218
	ズッキーニ	104
	スナップエンドウ	206
	セロリ	142
	ソラマメ	214
た	タアサイ	136
	ダイコン	170
	ダイズ	210
	タマネギ	144
	チンゲンサイ	132
	トウモロコシ	100
	トマト	62
な	ナガイモ	198
	ナガネギ	149
	ナス	72
	ニガウリ	107
	ニラ	167
	ニンジン	178
	ニンニク	154
は	ハクサイ	118
	バジル	233
	パセリ	232
	パプリカ	84
	ピーマン	84
	ブロッコリー	156
	ホウレンソウ	122
ま	ミズナ	134
	ミツバ	164
	ミョウガ	165
	メロン	228
ら	ラッカセイ	216
	ラッキョウ	163
	レタス	138

監修
福田 俊（ふくだ・とし）

園芸研究家、東京農業大学グリーンアカデミー講師。1947年東京都生まれ。東京農工大学農学部園芸学科卒業。1972～2005年、協和種苗株式会社（現・みかど協和株式会社）に定年まで勤務。長年、東京都内や埼玉県の貸し農園で、狭小面積を最大限に生かす栽培法を自身で開発し、無農薬・無化学肥料で実践している。自身の栽培法を動画投稿サイトYou Tubeにアップし人気を博しており、合計視聴回数は1300万ビューに迫る（2017年2月現在）。大学卒業以来、ブルーベリーの栽培研究も続けており、新品種『フクベリー』を育成し、品種登録される。おもな著書に『福田さんのラクラク大収穫野菜づくり』（学研）、『有機・無農薬の野菜づくり』（西東社）、『フクダ流家庭菜園術』（誠文堂新光社）、『いつもの畑で収穫2倍！』（学研）、『種採り事始め』（創森社）など。一般向け書籍、雑誌のほか農業専門紙誌にも多く寄稿している。
http://www.fukuberry.com

有機・無農薬だから簡単！だからおいしい!!
はじめての野菜づくり

監　修　福田 俊
編　著　朝日新聞出版
発行者　片桐圭子
発行所　朝日新聞出版
　　　　〒104-8011
　　　　東京都中央区築地5-3-2
　　　　電話（03）5541-8996（編集）
　　　　　　（03）5540-7793（販売）
印刷所　大日本印刷株式会社

© 2017 Asahi Shimbun Publications Inc.
Published in Japan by Asahi Shimbun Publications Inc.
ISBN 978-4-02-333142-6

定価はカバーに表示してあります。落丁・乱丁の場合は弊社業務部（電話03-5540-7800）へご連絡ください。送料弊社負担にてお取り替えいたします。

本書および本書の付属物を無断で複写、複製（コピー）、引用することは著作権法上での例外を除き禁じられています。また代行業者等の第三者に依頼してスキャンやデジタル化することは、たとえ個人や家庭内の利用であっても一切認められておりません。

STAFF

撮影　　東村直美・岡田稔子（やなか事務所）、矢野津々美
写真協力　福田 俊
デザイン　菅谷真理子＋髙橋朱里（マルサンカク）
イラスト　はやしゆうこ
図版　　福田 俊、萩原奈保子
執筆　　岡田稔子（やなか事務所）
企画・編集　朝日新聞出版 生活・文化編集部（森 香織）
構成・編集協力　東村直美・岡田稔子（やなか事務所）